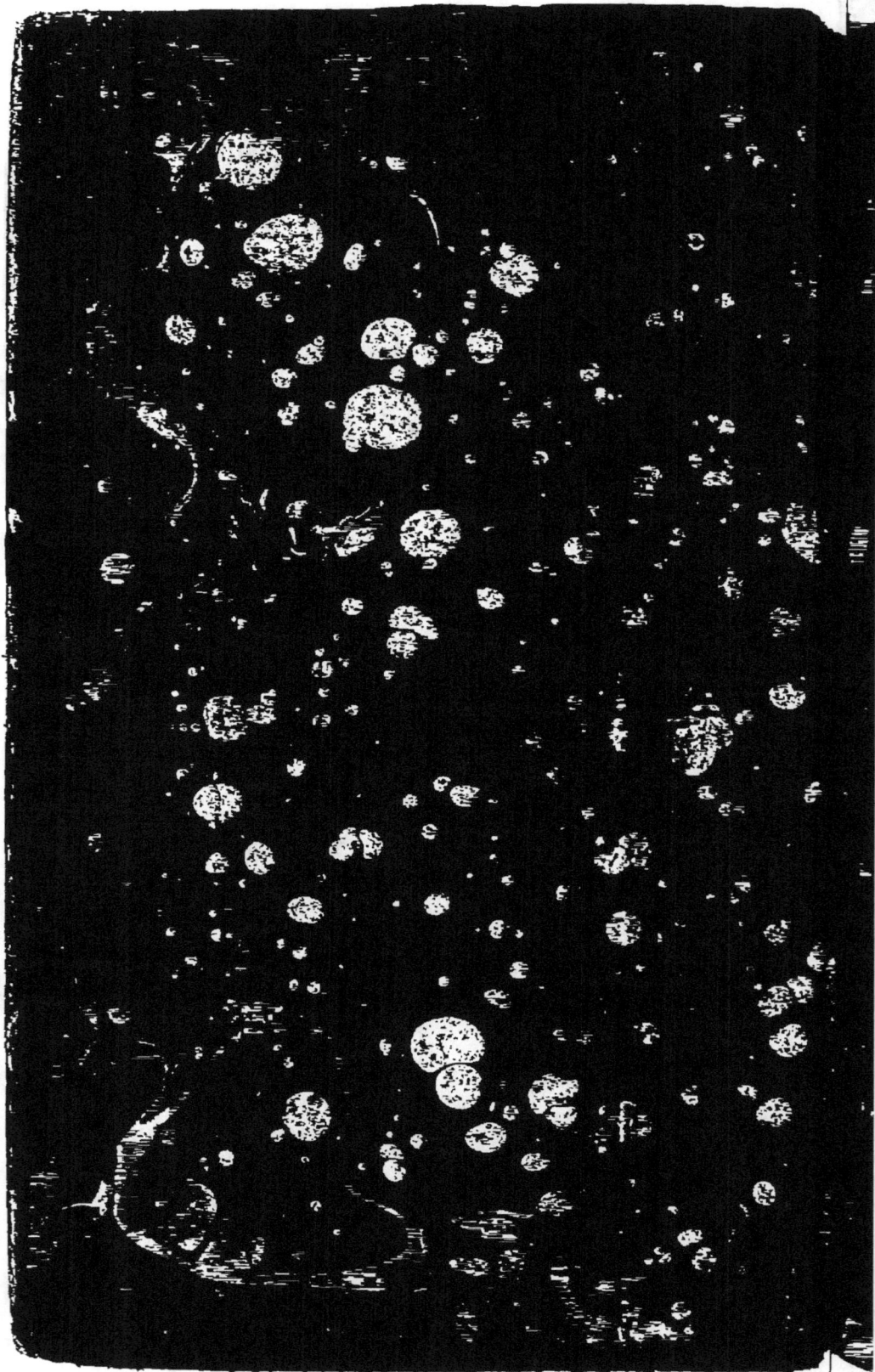

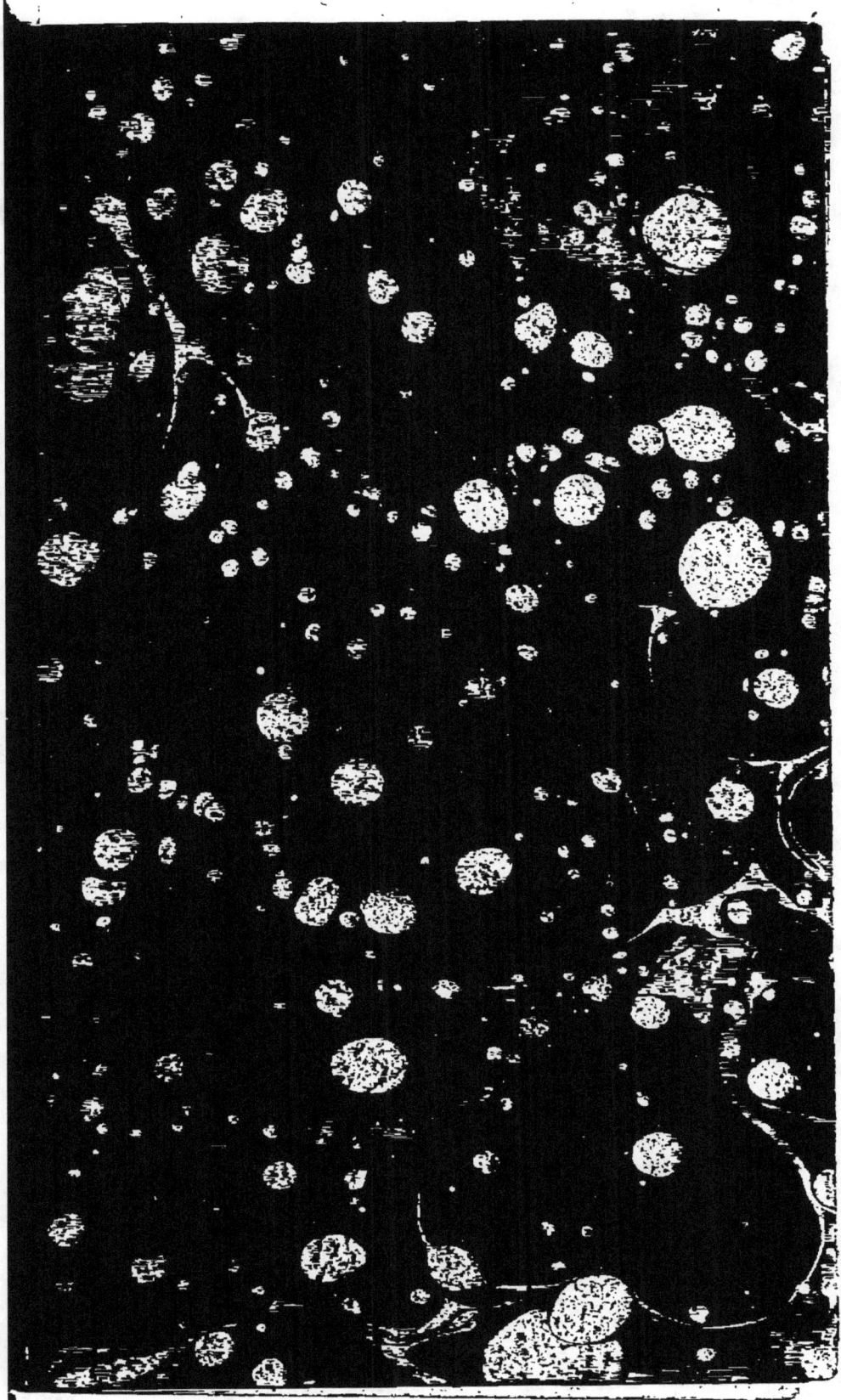

*E
20
=.11

Darben

1291

MA
RÉPUBLIQUE

AUTEUR, PLATON:

ÉDITEUR, J. DE SALES.

TOME VI.

OUVRAGE DESTINÉ A ÊTRE

PUBLIÉ,

L'AN. M. D. CCC.

DESTRUCTION

DU CLERGÉ

ET DE

LA NOBLESSE.

PLUSIEURS mois s'écoulèrent avant qu'on instruisit légalement le procès du père d'Éponine ; et ce n'était pas la faute du tribunal, créé pour prononcer en dernier ressort sur les crimes de lèze-nation : il se trouvait dans les prisons tant d'accusés détenus par les comités des re-

Tome VI.   A

cherches, on comptait si peu de magistrats pour les juger, qu'il fallait bien que la premiére loi sociale, sur la liberté indi- viduelle fût violée à chaque instant par le peuple, qui ne s'était armé que pour assurer la liberté de tous.

La prison du sage était étroite ; car en détruisant les Bastilles du despotisme, on n'avait pas songé à rendre commodes les Bastilles de la liberté. Mais comme on lui avait rendu sa boëte d'or et ses lettres de change, il s'y pro- curait toutes les jouissances de la vie, que sa philosophie pou-

vait admettre ; d'ailleurs il res-
pirait le même air qu'Eponine,
il pouvait la presser contre son
sein : et quand la nature parle
aussi fortement dans le cœur
d'un père, on trouve la sérénité
du ciel, au milieu des ténèbres
d'une prison.

Eponine elle-même, a qui la
bonté naturelle du peuple Français inspirait encore plus d'idées
consolantes, que le despotisme
du comité des recherches ne
lui en faisait concevoir de sinistres, se livrait quelquefois à
son heureuse gaité. Elle souriait
sur la fatalité d'une certaine

E 2

lettre, qu'un concours d'évé-
nemens bizarres avait toujours
dérobée à sa curiosité : les iu-
quisiteurs d'état, disait-elle, n'ont
pas voulu nous la faire connaître
le jour même de notre interro-
rogatoire ; vous verrez , mon
père , qu'on ne nous la lira
qu'avec notre sentence.

D'ailleurs, la jeune héroïne ne
pouvait entendre prononcer le
nom du chevalier, qu'avec un
frémissement involontaire. Son
incertitude , sur le sort de cet
infortuné, éveillait dans son cœur
ingénu , un sentiment plus vif,
que celui de la sensibilité ; et ce

sentimeut qui lui avait parû jusqu'alors si dangereux, elle s'ap-
privoisait avec lui par l'habitude
même qu'elle avait contractée
de le repousser.

Combien ce sentiment se serait
accru, dans cette ame naturellement expansive, si elle avait
été instruite que le chevalier
était renfermé dans la même
prison d'état, où elle se voyait
détenue! si elle avait sçu qu'un
seul mur la séparait de l'homme
généreux, à qui, dans sa pensée
solitaire, elle tenait lieu de l'univers!

A 3

Malheureusement ce mur ,
grace à la vigilance inquiète des
sattellites du comité des recherches , équivalait à une dis-
tance de cent lieues ; l'imagination même n'aurait pu le franchir ; d'ailleurs, le chevalier était
inconnu même à ses gardes :
comme il n'avait voulu compromettre ni son nom ni l'ordre
de Malthe , le jour où il fut
arrêté , il avait jetté sa croix , .
et pris un nom vulgaire, qui ne
pouvait être dèshonoré , même
par l'opprobre du supplice.

Eponine , outre les jouissances
de la nature , les seules com¡

patibles avec sa vertueuse inexpérience, charmait quelquefois ses
loisirs, par la lecture rapide de
cette foule de feuilles éphémères
sur la révolution, dont la France
à cette époque, était inondée :
il n'y avait aucune de ces
feuilles, qui n'annonçât la plus
rigoureuse impartialité, et aucune qui ne manifestât, dès la
première page, à quelle faction
elle était vendue ; il fallait dé-
terrer la vérité, ensevelie encore
plus profondément sous cet amas
de décombres littéraires, que
dans le puits célèbre des philosophes.

En général, elle goutait peu les discussions politiques de l'assemblée narionale : aucun des législateurs n'avait embrassé d'une vue générale, la masse entière de la législation. Lorsqu'une question était à l'ordre du jour, on la discutait avec tout l'art possible, mais sans voir sa connexité avec celle qui la précédait, et avec celle qui devait la suivre. Les orateurs plus sensibles aux triomphes de l'éloquence qu'à ceux de la dialectique, dédaignaient de parler à la raison froide des hommes d'État, pour mettre en jeu à leur gré les passions de la multitude.

Les harangues étincellaient d'esprit, mais cet esprit, de quelque parti que fussent les Démosthènes, semblait tellement jetté dans le même moule, qu'il faisait ressortir avec le même avantage, le sophisme et l'éternelle vérité.

Quant à l'histoire des débats, elle paraissait à Eponine l'opprobre de la révolution ; elle ne concevait pas comment une assemblée de législateurs, qui se glorifiait d'avoir établi une police dans une grande monarchie, n'avait pu réussir à eu instituer une dans son propre sein : elle

A 5

souriait d'entendre prononcer le mot de majesté au milieu d'une arène de gladiateurs qui se défiaient au combat à outrance, qui se lançaient le mépris, et qui mettaient la gloire à s'entredétruire.

Alors se consommait, parmi les représantants de la France, le grand délit de la subversion totale du clergé, et se préparait celui de la destruction de la noblesse.

Ma fille, disait le philosophe, ton cœur s'attendrit, à la vue des malheurs qui menacent en

France les ministres de la religion, est j'applaudis sans peine à ta sensibilité : mais le délit de la destruction du clergé, ouvre un champ bien plus vaste à la douleur publique ; comme les spoliateurs de l'église ont aussi mal raisonné que ceux qui l'ont défendue, l'homme juste doit pleurer ici à la fois sur le machiavélisme des oppresseurs et sur l'égarement des victimes.

Je sçais, en m'élevant à toute la hauteur de la philosophie de Socrate, ce qu'il faut penser de l'institution primitive du clergé ; c'était le comble du

délire politique , d'introduire
dans un état un corps qui par
sa nature était étranger à l'état ,
de permettre à des hommes qui
se disaient les interprètes du
ciel, d'intervenir dans le gouvernement de la terre , et de
protéger au dépens des vrais citoyens, les célibataires sacrés de
ces familles éternelles , où
l'on naît sans père et où l'on
meurt sans postérité.

Mais malgré ce vice , inhérent
à toutes les constitutions qui ont
eu la stupidité d'admettre des
religions exclusives , j'incline à
penser qu'il y a une injustice

mal-adroite , dans le mode que les législateurs de la France ont adopté, pour le faire disparaître dans leur monarchie.

Assurément tout état qui peut s'organiser, peut aussi revivifier ses ruines. S'il est dans son sein quelque corps parasite, qui ne subsiste qu'au dépens de la seve générale qu'il détourne de ses canaux , il a le droit de le séparer de l'arbre que flétrit son influence. Mais la dissolution d'une confédération sacrée, n'entraîne pas la ruine des membres qui la composent : l'ordre de citoyens peut-être anéanti légalement, tandis que le citoyen ne sçaurait sans crime être frappé de mort par le gouvernement.

Si l'assemblée nationale avait mis du génie dans l'ensemble de sa législation, elle aurait coupé d'un seul coup toutes les têtes de l'hydre du fanatisme, en n'a-doptant aucune religion natio-nale, en statuant que désormais le culte de l'ordonnateur des mondes, ne serait point exercé par une classe sacerdotale, mais par des individus.

Si cette assemblée avait été juste, en proposant aux ministres

des autels de devenir citoyens,
elle aurait respecté leurs propriétés; elle aurait senti que ces
infortunés, ne pouvant plus être
protégés par l'association qui leur
tenait lieu de force publique,
il fallait les protéger de toute
l'énergie des loix dont ils avaient
acheté l'appui par leurs sacrifices,

Si enfin l'assemblée avait été
conséquente, elle n'aurait pas,
pour ramener la paix dans l'état,
semé un germe éternel de discorde dans l'église; elle n'aurait
pas compromis le patriotisme, en
le mettant aux prises avec la foi :

elle n'aurait pas dèshonoré la cause des lumières, en remplaçant, par des prêtres transfuges, des prêtres perturbateurs.

Pardon, ma chère Eponine. si ma philosophie se permet de prononcer ici le mot de foi; tu connais peu cette langue énigmatique des réligions revélées, avec laquelle un hyerophante imposteur donne du lustre à ses mystères; et ta raison supérieure s'en console aisément. Je rentre dans ma théorie générale, afin de me faire entendre.

Le clergé de France, sous pré-

texte que ses droits émanaient
du ciel, n'avait pu contracter
avec la nation, de souverain à
souverain, parce que deux puissances centrales, dans un état,
sont une absurdité, mais il avait
contracté avec elle comme ag-
grégation de propriétaires . puisqu'il payait sa part des charges
publiques, à condition d'être
protégé; de là il résulte que
l'état avait le droit de vie et
de mort sur le corps et non
sur les individus : le prêtre
restait sous la sauvegarde des
loix, lors même que le sacerdoce serait frappé à mort par
le gouvernement.

Et ces propriétaires sacrés avaient d'autant plus de droit aux regards tutélaires du gouvernement, que les premiers possesseurs des biens religieux l'avaient vû naître ; les usurpations pieuses des premiers âges, devenues légales par le laps des siècles, étaient assez épurées par une propriété qui précédait le berceau de la monarchie.

Cette chaîne de principes n'a pas même été entrevue par les législateurs ; delà une lutte aveugle de sophistes qui n'a éclairé personne: on invoquait, des deux côtés, les lumières du siècle, et les ennemis du clergé l'attaquaient avec le glaive de la force, tandisque ses appuis ne le défendaient qu'avec le bouclier des conciles et de la Sorbonne.

Les rep.ésentants de la France devaient frapper le corps entier du clergé, et ils lui ont laissé son code usurpateur, sa hiérarchie à privilèges, ses décorations offensantes et jusqu'à l'usage funeste de ses anathêmes.

Ils devaient, en incorporant les ministres de l'église à l'état, rendre inviolables des propriétés,

dont ceux-cy n'avaient plus que
la jouissance, et ils les en ont
dépouillés, avec cette cruauté
froide d'un vainqueur qui s'arme
de la loi pour frapper sa victime.

Remarque, mon Eponine,
qu'on a observé ici, pour abbattre le clergé, la même marche
tortueuse, que Rome république
employa pour justifier le renver-
sement de Carthage.

Les législateurs commencèrent
par statuer que les biens du
clergé étaient à la disposition du
souverain, et ils s'arrétèrent-là;
c'est Scipion, qui veut que l'en-

nemi qu'il assiège se rende à discrétion , et qui ne lui laisse pas
interpréter ce mot terrible dans
toute l'atrocité de la signification
Romaine. Il était bien évident
que, dans la langue de Mirabeau,
disposer du patrimoine de l'église
c'était l'envahir, comme, dans
celle de Scipion , recevoir à
discrétion Carthage, c'était ache-
ter le droit de la renverser.

Le clergé de France , voyant
que le mot de propriété n'était
point dans le décret . s'endormit
sur la vague signification du
terme , que les Machiavel de
l'assemblée avaient eu l'adresse

de lui substituer ; mais il fut
bientôt éveillé par les mains qui le
dépouillaient. Les législateurs, une
fois maîtres de disposer des biens
qu'ils convoitaient depuis long-
temps, en disposèrent. L'ordre fut
envoyé le même jour aux quarante
trois mille petites républiques, qui
gouvernaient la grande monarchie, de mettre en vente toutes
les possessions ecclésiastiques,
qui se trouvaient dans leur arron-
dissement. On observa bientot
que la générosité Française pouvait éloigner des acquisitions dont
s'allarmait la délicatesse ; alors on
eut l'art de les rendre si faciles par

les longs intervalles des payements, que l'intérêt se trouva naturellement aux prises avec la pudeur et finit par en triompher. C'est ainsi que les nations, dans le silence de la morale, héritent des corps qu'elles assassinent.

Dans les grandes subversions de l'ordre social, les crimes même heureux ne se soutiennent que par des crimes. La France commençait à verser en paix les patrimoines de l'église, pour combler l'abîme effroyable de sa dette, lorsque poursuivant le cours de leurs conquêtes, les législateurs imaginèrent une nouvelle circonscription de diocèses, qui rendait les pasteurs de l'église étrangers à leur troupeaux. Ce second acte d'hostilité fit tressaillir les victimes sacrées sous le couteau qui les immolait, et on les punit de leurs justes murmures, en les enchaînant au nouvel ordre de choses par les nœuds sacrilèges d'un serment,

Le serment d'abjurer une doctrine sucée avec le lait, pour reconnaître la suprématie de l'autorité civile sur l'église, était un piège cruel, tendu à tout ce qui n'avait pas la raison supérieure du philosophe ; cet acte indiscret d'un pouvoir oppresseur mettait l'homme de bien timide entre sa conscience et la loi : il le forçait à l'alternative affreuse de la désobéissance ou de la perfidie. La majeure partie du clergé choisit d'être pauvre sans remords et désobéit.

Cependant la multitude, à qui il faut l'appareil d'un culte revelé, pour lui tenir lieu de la religion simple et sublime de l'homme, pour laquelle son ignorance n'est point faite, voyant la désertion des autels, demandait à grands crïs ses premiers pasteurs à l'assemblée nationale; celle-ci tou-

B

jours conduite par des hommes ,
à qui l'esprit de système tenait
lieu de génie , ne s'était pas at-
tendue à une si effrayante résistance : elle n'avait pas calculé que
sur cent trente prélats, il s'en
trouverait cent vingt-six de ré-
fractaires. Mais sa fierté n'en fut
point déconcertée ; elle perse-
vera dans ses plans oppresseurs ;
le despotisme de ceux qui veulent
maîtriser les opinions, comme
celui des rois qui veulent tyran-
niser les hommes , ne recule
jamais.

Au lieu d'éclairer paisiblement les chefs du clergé sur les

droits de la patrie, antérieurs à leurs absurdes privilèges, au lieu de modifier la formule odieuse de leur serment, au lieu de fixer un long intervalle, pour laisser le temps aux lumières de triompher de vains préjugés, on les déclara à l'instant déchus de leurs sièges, et on procéda à leur donner des successeurs : comme si dans quelqu'ordre social que ce soit, on pouvait sans des procès en forme contre chaque individu, destituer des magistrats à vie qui n'ont pas abdiqué !

De ce nouvel attentat, il a

B 2

résulté un germe éternel de discordes, qvi sappant la nouvelle constitution par sa base, peut l'amener à périr un jour, avec toutes les choses sublimes qu'elle renferme, et la mémoire de tout le bien qu'elle méditait de faire aux hommes.

Les factieux qui voulaient que l'ancien clergé fut frappé de mort, ont nommé celui qui devait le remplacer ; delà les choix odieux ou bisarres., dont la France, revenue à elle-même, commence à rougir. On a moins cherché l'austérité des mœurs et nne piété éclairée dans les nouveaux évêques que l'exaltation du civisme ; déclamer contre l'église, a paru le meilleur titre pour posséder les premières dignités de l'église : et on a souvent sacré des sophistes pour en faire les successeurs des apôtres.

Voilà donc deux clergés en France, tandisque, si la constitution avait été dressée par des hommes de génie, il n'y en aurait point dutout. Les deux clergés, n'en doutons point, se feront une guerre immortelle ; l'opprimé opposera aux décrets que fait valoir l'oppresseur, le foudres affaiblis, mais non éteints, d'une religion expirante, dont tous deux se disent les interprètes, et le gouvernement qui verra les citoyens partagés, sera obligé de devenir intolérant lui-même, pour étouffer, dans des mains fanatiques, les torches de l'intolérance.

Oh ! combien, Eponine, l'assemblée nationale aurait épargné de malheurs à la France qu'elle régénérait, si elle avait eu le courage d'être juste envers ce clergé, qui pouvait sauver la nation, non par son suicide, mais par ses sacrifices !

MA REPUBLIQUE.

Ma doctrine, à cet égard, si j'avais eu quelqu'influence sur les esprits, aurait été aussi simple que conséquente ; j'en ai donné, dans des temps plus heureux, les élémens à l'empereur, et elle ne paraîtra pas nouvelle à la philosophie pacifique de mon Eponine.

L'unité de puissance centrale sans laquelle il n'existe point de bon gouvernement, voulait que le clergé de France comme corps fut anéanti : ce qui s'opérait sans troubles ni secousses, en interdisant à ses membres tout vêtement distinctif, excepté aux au-

tels, en réduisant à un céré-
monial de préséance les grades
de sa hiérarchie, en bornant sa
correspondance avec le pontife
de Rome, à un simple commerce
de bienveillance, et sur-tout en
anéantissant toutes ses jurisdic-
tions,

Quant aux membres indivi-
duels de ce clergé, qui, en cessant
de tenir à un ordre, seraient
devenus citoyens, il fallait leur
assurer la libre possession de leurs
biens, que semblait leur pro-
mettre le titre solemnel de quatorze cents ans de jouissance,

au lieu de les entretenir avec
parcimonie, comme des hommes
de guerre soudoyés, au lieu de
les placer par un serment indiscret, entre l'indigence et les
remords.

Cependant comme l'état,
courbé vers sa décrépitude,
par le poids énorme de sa dette,
ne pouvait reprendre, que d'après
les sacrifices de ses citoyens, l'attitude noble et fiere de son ado-
lescence, il était tout simple qu'il
s'adressat d'abord au clergé, soit
à cause d'une opulence, dont
l'origine était suspecte, soit parce
que condamné par son célibat res

ligieux à n'avoir que la patrie pour
héritière, il n'y avait que dans
le sein de cette mère commune
qu'il put avec décence verser
ses bienfaits.

Il suffisait, pour amener le
clergé de France à ce grand dévouement, de faire valoir l'élan
généreux de son patriotisme,
à l'époque mémorable de la
nuit des sacrifices ; on m'a assuré
qu'un des métropolitains de la
Provence avait offert, au nom
de l'ordre, quatre cents millions :
il aurait donné un milliard, si
on avait négocié avec lui au lieu
de combattre ; et ce milliard,

en maintenant la monachie debout; lui aurait sauvé le fléau du papier-monnaie, fléau plus destructeur que trois siècles d'édits bursaux, de lettres de cachet et de Bastilles.

L'ordre ecclésiastique, une fois anéanti, l'état héritait naturellement des biens sacrés, à la mort de chaque titulaire, et au bout d'une génération la dette nationale n'était plus.

Je ne sais si je me fais illusion; mais il me semble que cette marche aurait été digne de la majesté des législateurs de l'Eu-

rope ; elle ne faisait pas résulter
le bien de la patrie des désastres
des citoyens ; elle pouvait être
utile à la fois aux conquérants
et aux victimes, et servir la politique sans compromettre la morale.

Ce plan prévenait l'introduc-
tion d'un schisme dans l'église
de France, schisme amené néces-
sairement par la distinction entre
deux clergés, l'un constitutionnel
l'autre réfractaire.

Dès-lors il devenait inutile
d'enchaîner, par un serment,
es ministres des autels, au
nouve

nouvel ordre des choses qui contrariait toutes leurs idées primordiales : serment d'ailleurs très-impolitique : car si les prêtres se faisaient citoyens, il était inutile à l'état, et si leur cœur désavouait leur bouche, il ne servait qu'à faire des sacrilèges.

La chose publique ne se trouvant plus ainsi froissée entre le patriotisme et la religion, le clergé n'effrayait plus l'état par une confédération de résistances : on ne voyait plus, sur cent trente princes de l'église, quatre seulement se condamner à être le

Tome VI.   C

roseau qui plie, tendisque cent
vingt-six préfèrent d'être le
chène qui casse, au risque d'é-
craser en tombant la patrie qui
les opprime,

Je refais, comme tu le vois,
mon Éponine, une des parties
essentielles de la constitution
Française, dont l'esprit de parti
semble avoir dégradé les bases :
avec quel zèle je me livrerais au
développement de ma théorie, si
j'étais libre et législateur ! si je
pouvais tonner dans le temple
auguste de la liberté, contre les
oppresseurs de la raison, au lieu
de voir ma voix éteinte,

perdre dans l'enceinte silentieuse d'une prison !

Mais ce que je n'ai pu dire aux régénérateurs de la France, je le dirai un jour à la France régénérée ; elle sçaura par moi, de combien d'années son retour à la paix a été retardé, par l'abus des lumiéres, dans les factieux qui la représentaient et par le défaut de lumières dans ses gens de bien; et mes justes réclamations, plus durables sans-doute que les crimes qui les ont fait naître, seront gravés par les burins réunis de la philosophie et de l'histoire, à chaque page de ma République.

Jusqu'à l'époque où la France ressuscitée sera digne de m'entendre , mes idées tutélaires seront ou méconnues ou perverties : car partout où l'esprit de faction domine, on ne voit dans le sage qui nous redresse, que le coupable qu'on désire , ou du moins que le coupable qu'on imagine.

Les esprits incendiaires des deux partis , invoqueront contre ce qu'ils appellent mes crimes, la persécution de l'état divisé contre lui-même , qui tolère leurs libelles ; et je les écraserai par mon silence et par une nouvelle édition de mon ouvrage.

Des amis prétendus de la raison, non moins dangereux peut-être, croiront honorer ma République, en la présentant comme un frêle tissu de rêveries vertueuses, que le soufle de l'expérience doit dissiper. Ces critiques, s'ils sont éclairés, mentiront contre la conscience de leurs lumières : car ils verront aisément qu'en appuyant sans cesse ma théorie sur l'histoire de la révolution française, je me suis mis en garde contre les chimères de l'optimisme. Ils verront que si ma république a quelque prix, c'est parce que toute nation grande

C 3

et généreuse peut l'adopter ; et ils ne pourront se dissimuler que l'enthousiasme pour le bien est le seul point de contact que j'aye avec l'abbé de Saint-Pierre, et le fameux disciple de Socrate.

Je connais assez les hommes, ma fille, pour croire qu'on ne blesse jamais impunément les opinions qu'on reçoit de l'esprit de faction, et encore moins, celles qu'on lui donne. On imprimera long-temps sur mon nom le sceau d'une réprobation qui m'honore ; en attendant, le tems qui m'a condamné à la mort en naissant, viendra à grand pas exécuter sa sentence; il est vraisemblable qu'à l'époque où la France sourira à mes travaux, je ne serai plus; mais je lègue à mon Éponine tout ce qui est fait pour me survivre, et si sa main chérie place ma république sur la pierre agreste de ma tombe, elle rappellera à des hommes sensibles, qu'un jour Rome reconnaissante crut s'acquitter envers un grand homme, en plaçant le tableau de la transfiguration sur le cercueil de Raphaël.

Toutes ces idées sinistres, d'ingratitude et de mort, avaient un peu ému le vieillard, dont la

C 4

tête blanchie, se penchait douloureusement, sur le sein d'Éponine ; comme la nuit était déjà
avancée, l'héroïne proposa à son
père de permettre au sommeil de
calmer ses sens, et peu tranquille
elle-même sur ce dépôt que son
cœur lui avait confié, elle veilla
auprès du lit, jusqu'à ce que la
fatigue du sage eut fermé sa pau-
pière.

L'insomnie fut longue, et la
sensible Éponine, à qui sa tendresse interdisait toute espèce de
mouvement, se contentait de
promener machinalement ses
regards sur les murs dépouillés

et silentieux qui formaient sa prison : tout-à-coup, un mot gravé grossièrement avec une pointe d'airain sur nne pierre à demi-voilée par un rideau, la tire de sa rêverie : c'était le nom d'Épo-nine ; elle se lève avec préci-pitation, et comparant dans son esprit l'écriture avec la lettre fatale, dont elle n'avait jamais pu lire que l'adresse, c'est lui mon père, s'écrie-t-elle, c'est l'esclave : il a habité dans ce séjour du crime; peut-être il l'ha-bite encorë ; ensuite revenue à elle-même, et baisant la main du vieillard, pour cacher sa rougeur,

C 5

c'est ainsi, ajoute-t-elle, que l'infortune attache entre eux les êtres qui ne tiennent peut-être ensemble que par ce lien.

Cette nuit semblait faite pour les émotions. Lorsque le sage commençait à s'assoupir, et qu'Éponine songeait à se retirer, tout-à-coup des cris effrayans se font entendre sur le quai qui borde la prison du Châtelet : c'était une populace ameutée par les hommes à libelles, qui demandait le supplice des perturbateurs, et menaçait de forcer la prison pour prendre ses victimes. Éponine agitée redoubla

d'attention, et elle entendit dis-
tinctement les brigands effrénés
désigner parmi les perturbateurs
dont ils voulaient faire tomber
la tête, le baron de Bésenval,
le marquis de Favras et un esclave.

Il respire donc ! dit douloureusement la jeune héroïne, et
le ciel ne me l'apprend que par
les cris de Cannibales qui pro-
voquent son supplice !

Cependant l'orage populaire
se calmait, et l'officier de Bel-
grade vint annoncer que la garde
nationale, en déployant tout

l'appareil de la force publique, avait fait rentrer les rebelles dans le devoir.

Cette émeute amena peut-être, ou dumoins accélera la mort de Favras ; on crut que pour sauver un sang innocent , il fallait abreuver d'un sang suspect une multitude effrénée, qui ne croyait à la liberté que sur la foi du carnage. Au reste cette victime abandonnée au peuple ne servit qu'à élever nn nouveau nuage sur la pureté de la révolution ; car l'héroisme de la mort de l'infortuné rendit problêmatiques les horreurs dont on entourait sa vie; on se persuada difficilement que l'homme vil, qui voulait assassiner les pères de la patrie, pût mourir comme Barnevelt et Socrate.

Les jours qui suivirent cette nuit lugubre, on amena dans les prisons du châtelet, une foule de gentilshommes, dont le crime était de déplaire au peuple, et d'inspirer de l'ombrage aux comités des recherches.

N'en doute point, ma fille, disait le vieillard, à la vue des hommes décorés qu'on trainait avec l'appareil de l'ignominie,

les hommes qui conspirent pour
rendre odieuse aux siècles futurs
la plus belle des insurrections,
ne s'arrêteront pas au milieu des
crimes heureux qu'ils exécutent ;
tout ennemi qui se rencontrera
dans la route de leur ambition
ou de leur vanité, disparaîtra
devant eux ; ils ont mutilé le
clergé, ils ne tarderont pas á
anéantir la noblesse.

C'est ainsi que le sage lisait dans
l'avenir, éclairé par sa raison,
guide plus sûr que l'inspiration
des prophètes ; et pendant qu'il
prédisait la chute de la noblesse,
déjà la noblesse n'était plus. La

nuit du 19 Juin 1790, l'assemblée nationale profita d'une séance où le parti populaire se trouvait dominant, pour proscrire à jamais la Pairie de France, les grandes dignités de la couronne, les titres, les cordons et les armoiries : et trois cents mille citoyens qui s'étaient endormis gentilshommes, se réveillèrent sans ancêtres.

Dans un moment d'épanchement de cœur, où le philosophe gémissait sur la destinée de quatre vingt mille familles, dont le plus grand nombre n'avait d'autre patrimoine que des parchemins héréditaires, et l'honneur qu'ils supposent, vous attachez donc mon père, dit Éponine, une grande valeur à cette monnaye d'opinion, qu'on appelle noblesse; monnaie d'autant plus recherchée, que le temps en a plus effacé les empreintes, monnaie suspecte, en ce que le métal le plus raffiné n'efface pas en éclat celui qui a le plus d'alliage, monnaie funeste à l'ordre social, parce qu'elle empêche de circuler l'or vierge, qui est le talent ou la vertu.

Non ma fille, reprend le vieillard, j'apprécie comme toi le phantome brillant qu'on vient d'anéantir : ce qui n'est qu'un souvenir n'a point de poids dans mes balances philosophiques. Je n'aime point qu'on divinise le hazard de la naissance ; je n'aime point qu'on institue un culte dont la vanité est l'idole , où l'on s'honore de ce qu'on a été et non de ce qu'on est , et dont une caste d'hommes privilégiés s'arroge exclusivement le sacerdoce.

Et quand même ma raison abusée ferait grace à une noblesse pure , telle que celle du livre d'or de Venise , ou de la chancellerie d'Allemagne , la noblesse de France, conservée moins intacte par le frottement des siècles, ne mériterait pas de ma prudence les mêmes ménagements : je scais que ce furent des gentilshommes Francs ou Sicambres, qui conquirent la monarchie, mais il n'existe plus depus long-temps aucun rameau de cette souche antique qui a ombragé les Gaules : et quand il en existerait, ce ne serait pas d'une race féroce de conquérants que devrait se glorifier un état généreux qui se régénère par les lumières.

On ne connaît guères de familles Françaises qui remontent

par des titres authentiques au
delà de cinq siècles ; les guerres
fanatiques pour la conquête d'un
frivole tombeau de Jérusalem,
ont moissonné presque toute la
fleur de cette noblesse antique
qui avait donné à la nation ses
premiers législateurs , et nous
sçavons par les monumens de
l'histoire , qu'on fut obligé de
créer à la fois mille nobles, à la
suite des désastres d'une croi-
sade.

La noblesse Française , malgré
l'orgueil de ses généalogies , ne
m'inspirerait donc point cette es-
péce de vénération religieuse que

la vue d'un roi détrôné obtient toujours de la crédulité de la multitude , et qu'elle arrache quelquefois dans des moments d'illusion à la raison du philosophe.

Mais ce qui me fait verser des larmes de saug , sur le décret qui ôte à trois cents mille hommes leurs ancêtres, c'es le droit de violer solemnellement des propriétés de citoyen , droit désastreux , dont les despotes de tous les peuples et de tous les ages , reçoivent ici l'exemple des législateurs,

Assurément la noblesse est une propriété ; ce long et glorieux souvenir des exploits guerriers et des services rendus à ses souverains, transmis de père en fils pendant un grand nombre de siècles, me semble un bien plus noble patrimoine, que cet or accumulé par des bassesses heureuses, qui appelle la protection des loix dans les héritiers des Samuel Bernard ou des Bourvalais.

Ce souvenir, quoiqu'un bien d'opinion, était un dépôt sacré dont les familles pouvaient s'énorgueillir, puisque pendant plus de douze cents ans, il leur donna droit aux distinctions militaires, aux dignités de la couronne et à la considération de la multitude.

Ce souvenir était une propriété, puisque les titres qui en étaient le gage, transmis à des familles indigentes, procuraient un état à de jeunes infortunés sans patrimoine et servaient de dot aux orphelines.

C'était une propriété, puisque la loi, pendant douze siècles, veilla à l'intégrité du dépôt des généalogies, puisqu'elle ne put empêcher l'opinion de flétrir les tiges antiques que l'amour de l'or engageait à greffer avec des souches de moderne datte ; puisqu'en protégeant l'homme qui vivait de la gloire de ses pères, elle infligeait l'opprobre et les peines au vil usurpateur, qui secouait la poussière où il était né, pour se créer des ancêtres.

Et il fallait que cette propriété fut bien authentique, puisque les législateurs de France, par une contradiction que rien ne peut pallier, l'ont protégée même en l'anéantissant. A côté

du décret qui proscrit à jamais
la noblesse, ils en ont placé un
autre qui défend d'enlever les
titres et de dégrader les généalogies ; ainsi ils ont conservé le
mot en détruisant la chose ; et
comme le mot, quand il s'agit
d'opinion, est tout, ils ont, sans
le sçavoir, élevé enx mêmes une
barrière éternelle contre l'exécution de leur loi philosophique
d'égalité.

D'après ces considérations,
Éponine, il serait inutile d'examiner avec toi le fonds même
du problème politique sur l'institution de la noblesse·

Je ne m'amuserai pas à te prouver par les faits, qu'il n'a existé aucun grand peuple connu, qui n'ait tiré parti de la chimère brillante de la naissance, pour faire opérer aux hommes de grandes choses.

Je ne te citerai point, dans ces républiques mêmes où un peuple souverain doit s'affecter davantage de toute distinction qui l'humilie, un Périclès ou un Alcibiade, demandant, au nom de ses ancêtres, les dignités qui lui permettent de les faire oublier : un César offrant, pour ses titres à la dictature, que

D

descendu d'Ancus Martius par les hommes, et de Vénus par les femmes, il réunit dans sa maison la sainteté des dieux, et la majesté des rois. La Grèce et Rome seraient d'un bien faible poids dans les balances de l'assemblée nationale; elle sourirait de dédain sur des faits, quand il s'agit des droits de l'homme primitif.

Je vais plus loin, et je ne croirai pas même nécessaire d'examiner ici en homme d'état, s'il est utile d'extirper jusques dans ses dernières racines, l'arbre phantastique de la noblesse.

Je laisserai, en problême, la décision philosophique du créateur de l'esprit des loix : qu'anéantir dans un grand état toutes les hyérarchies, et sur-tout la classe des gentils-hommes, c'est le réduire à l'alternative des deux plus mauvais gouvernemens, de la monarchie absolue ou de la démocratie.

Je ne ferai aucun usage du principe : que dans un empire que le luxe a dégénéré, tout ressort qui sert à remonter la machine politique est bon : que l'honneur qui consiste à n'exister que par ses ayeux, fût-il un

D 2

préjugé , il faut lui pardonner ,
puisqu'il suppléa souvent à la
vertu , et qu'en un mot , si ce
dieu de la vanité n'existait pas ,
il faudrait l'inventer.

A plus forte raison je n'ap-
puyerai point sur les idées subsi-
diaires : que la noblesse , considérée comme le prix des services,
étant une monnaie idéale qui
n'appauvrit point l'état qui la
distribue , mériterait d'être en-
couragée chez tout peuple qui ne
veut point augmenter la dette
qui l'écrase : et que dans la France,
sur-tout , où l'or dépravateur des
mœurs publiques , menace de

tout envahir, il n'est point indifférent d'opposer la folie de
la naissance qui est bonne à quelque chose, à la folie de la ri-
chesse qui n'est bonne à rien,

Je laisse donc dans toute son
intégrité, cette grande et belle
question : faut-il une noblesse
dans une monarchie qui s'orga-
nise où qui se régénère ? et je me
contente de discuter avec la raison
tranquille de mon Eponine, si
l'assemblée nationale a bien fait
de l'anéantir, dans un gouvernement philosophique, destiné
à servir de modèle à l'univers.

D 3

Or , nous avons vû que la noblesse en France était une propriété sacrée de quatre-vingt mille
familles ; et si , comme on l'ap-
prendrait à l'école sublime de
Zénon et de Socrate , il n'y a
point de gouvernement philoso-
sophique , sans le respect des législateurs pour les propriétés , il
s'ensuivrait que les augustes des-
tructeurs de la noblesse Française,
ennemis de leur propre ouvrage ,
auraient appris à leurs successeurs
à attenter à la constitution , la
propriété la plus sublime sans
doute d'un corps de régénérateurs.

Et qu'on ne dise pas que la noblesse avait cessé d'être une propriété, lorsque de jeunes chevaliers jettèrent, avec un orgueil patriotique, leur écu et leur lance au milieu de l'assemblée nationale, pour se confondre dans la foule, à l'époque mémorable de la nuit des sacrifices.

Assurément les héros-citoyens, qui mirent alors tant d'enthousiasme, non à descendre, mais à élever à eux vingt-quatre millions d'hommes, ne songèrent à renoncer qu'à de viles distinctions pécuniaires, ou à des privilèges vexateurs ; jamais il n'entra

dans leur pensée , d'anéantir les
diplômes qui constataient les services de leurs ancêtres , de fouler
aux pieds les decorations qu'ils
tenaient de la générosité du monarque, et qu'ils partageaient avec
lui, et de se priver volontairement
d'un nouveau mobile pour servir
la patrie , en joignant l'honneur
à la vertu.

Et quand même ils auraient
eu la folle grandeur d'ame , de
ne conserver des tombeaux de
leurs ayeux, que la poussière
qu'ils renferment, crois-tu, Éponine , qu'ils pouvaient stipuler
pour les quatre-vingt mille familles

dont ils étaient les représentants ? crois-tu qu'un élan rapide d'enthousiasme dans quelques jeunes chevaliers Français, qui produirait quelques minutes de gloire et une vie entière de remords, suffirait pour ôter légalement à trois cents mille citoyens, un patrimoine qu'ils ont appris, dès le berceau, à chérir plus que l'existence ?

Je ne connais que deux espèces de forces qu'une grande nation puisse confier à ses législateurs, pour mettre de niveau tous les intérêts et toutes les opinions ; c'est là voie des lu-

mières , pour obtenir des sacrifices volonraires , ou , en cas de
refus de la part des infortunés ,
dont on provoque la dépouille ,
la voye des dédommagements.

La noblesse de France n'a point
eu le temps d'être éclairée sur
le néant de l'orgueil de ses titres ,
que lui disputait un orgueil plus
puéril encore : quelques heures
ont suffi pour discuter si les loix
devaient faire disparaître le
phantome de ses prééminences :
elle avait été douze cents ans
à élever le colosse de sa grandeur
et une nuit a réduit ce colosse
en poussière.

L'assemblée nationale n'a offert aucun dédommagement à cette noblesse dont elle anéantissait la plus précieuse des propriétés ; sa raison suprême a été son bon plaisir, comme sous les souverains de l'ancien régime : elle a dit, comme la nature, l'univers est mon domaine : j'y élève tout, j'y abaisse tout à mon gré, sans exiger de reconnaissance, sans qu'on ait droit d'exiger de moi des dédommagements.

Cependant les législateurs de la France n'ignoraient pas, que, dans tout ordre social, dès que le pouvoir souverain brise le contrat primitif, au défaut de sacrifices volontaires de la part des parties lézées, il leur faut des dédommagements ; eux-mêmes venaient de reconnaitre cette base de la morale des états, en offrant aux princes de l'empire, qu'ils dépouillaient, des indemnités. Et assurément la noblesse Allemande ne plaidait pas une cause aussi belle aux yeux de la raison, que la noblesse Française ; l'une, étrangère en France, voulait exercer des droits de souverain, sur un état qu'elle n'avait pas subjugué, et l'autre ne voulait que conserver à l'ombre

des

des nouvelles loix, ce qu'elle tenait de la justice des anciennes, ou dumoins de leur générosité : les Rohan, les Lorraine, les Montmorency dépouillés, citaient à l'assemblée de leurs représentants, le droit primitif, la morale et la nature, tandisque les électeurs de l'empire ne citaient que le traité de Westphalie.

Assurément tout pouvoir, qui, dans un état prêt à se régénérer, pèse sur une classe de citoyens, ou la dégrade, doit être brisé sans dédommagement pour les oppresseurs : mais il s'en faut

Tome VI.   E

bien qu'on put faire un pareil reproche à la noblesse Française; depuis longtemps l'arbre empoisonné de la féodalité, ne poussait plus de rameaux; les coutumes antiques subsistaient, mais les mœurs et les lumières leur ôtaient toute leur influence; le nom de cultivateur n'était plus un opprobre, et le prince pouvait se dire le roi des citoyens et non pas le roi des gentils-hommes.

Lorsque, pour donner une base éternelle au grand ouvrage de la restauration, il fut proposé, à l'ouverture des États-Généraux.

de détruire les ordres, et d'opiner
sur la dénomination commune de
citoyen, on observa qu'il n'y eut
presque point de réclamation de
la part des chefs de la noblesse :
les héros les plus populaires furent
ceux dont les noms augustes
semblaient contemporains de la
monarchie : la majeure partie
des opposants, ne se trouva com-
posée que de courtisans, dont
les titres suspects avaient été
légitimés par la faveur, ou de
ces nobles d'hier à qui le comte
de Lauraguais disait si plaisam-
ment : permettez-moi d'être un
moment membre du tiers, je

E 2

vous permets bien à vous d'être gentilshommes.

Cette haute noblesse, lorque la révolution fut consommée, ne dégénéra point de sa grandeur d'ame; elle avait des privilèges pécuniaires, qui la dispensaient d'acquitter les charges de l'état: elle avait des privilèges de puissance qui mettaient une barrière entre elle et le reste des citoyens; elle eut le courage de faire l'abandon volontaire à la patrie de toutes ces distinctions onéreuses ou humiliantes, à l'époque glorieuse de la nuit des sacrifices.

Oh! combien je tremble, mon

Éponine, que la France ne paye cher un jour le refus qu'elle a fait d'un si noble dévouement : et qu'en rejettant de son sein une noblesse pure, qui ne pouvait ni fouler le peuple, ni l'avilir, elle n'ait dans la suite à lutter contre une noblesse de tyrans, qui la ramenera, au milieu des torrents de sang humain, à l'antique despotisme féodal, ou qui s'ensevelira sous les débris de la nouvelle république !

L'assemblée nationale, ma fille, a voulu conquérir la France, plutôt que l'éclairer, et elle a perdu tout le fruit de la plus

E 3

noble des insurrections. Jamais
les conquêtes n'ont fait le bien
des hommes, parce qu'elles ont
coupé, avec l'épée d'Alexandre,
le nœud gordien, qu'il fallait
défaire paisiblement avec l'in-
dustrie de la raison; le conquérant
peut écraser, en passant, le
sol qu'il foule aux pieds, mais
ce sol n'est que le sable du grand
désert, le vent du Samielh s'élève,
et il engloutit en un clin-d'œil
le despote armé, son nom et son
ouvrage.

Pendant que le philosophe
expliquait ainsi à sa fille les élémens de l'art de régénérer les

empires , le concierge de la prison parut tout d'un coup , et présenta aux illustres captifs , l'ame même de l'assemblée nationale , le comte de Mirabeau.

A ce nom qui avait tant de droit à la célébrité , Éponine s'approche avec une sorte d'enthousiasme ; à son age on confond aisément une nature grande avec une nature belle , et le génie , pour une beauté de vingt-ans , a toujours la figure de l'Apollon du Belvédère. Mais quand l'héroïne put voir de près les yeux hagards , la physionomie basse et féroce de cet homme à grand

E 4

caractère, pétrifiée tout-à-coup par cette tête de Méduse, sa voix expira sur ses lèvres ; alors elle se retira en rougissant dans un angle formé par le mur de la prison, et s'y assit en silence, espérant d'être dédommagée de l'horreur de voir le chef de la révolution Française, par le plaisir de l'entendre.

C'était dans cet angle même que l'infortuné chevalier avait gravé d'une main tremblante le nom d'Éponine. Bientôt la jeune Grecque, absorbée par ce nouveau spectacle, oublia Mirabeau, son père, et l'univers, pour s'oc-

cuper de l'idée délicieuse à la
fois et déchirante que présentait
ce nom isolé, abandonné à la
nature, et confié sans dessein
à la solitude d'une prison ; la
voix tonnante de Mirabeau ne
put même, pendant quelque
temps, la tirer de cette douce
léthargie. Au milieu de son extase, elle se leva involontairement,
prit un poinçon qu'elle trouva
sous sa main, et grava au dessous du
mot Éponine celui de Villeneuve.
Ce ne fut que quand l'ouvrage
fut fait que le charme se rompit ;
honteuse alors d'avoir uni elle-
même deux noms que le ciel

E 5

semblait séparer pour jamais , elle
reprit son poinçon dans le dessein de les effacer , mais une
pudeur d'un nouveau genre l'arrêta; elle s'était crue seule, quand
elle avait tracé le nom du chevalier : elle se vit en présence
de deux hommes, quand il fallut
le faire disparaître ; alors laissant
tomber son poinçon, elle n'imagina pas d'autre moyen d'échapper à des regards qui l'impor-
tunaient qu'en se mêlant à l'entretien.

DU DROIT
DE CONQUÊTE
DANS LES
RÉVOLUTIONS.

Vous la connaissez donc bien, sage étranger, cette révolution, que des hommes absurdes vous ont accusé de venir détruire ! —

Je la vois sous toutes ses faces, comme le ciel même qui la protège. J'ai lu dans votre cœur, comte de Mirabeau, ——

Je sçais que vous connaissés les empires et les hommes. On me l'a mandé de l'Allemagne, où nous avons tous deux joué un rôle, et c'est ce qui m'a fait naître le désir de venir m'électriser avec vous. Mais la révolution Française ne ressemble à rien, elle est seule dans son espèce, comme le génie de l'homme. Toutes les insurrections dont l'histoire s'honore, pâlissent devant celle de Paris ; et on pourrait lire vingt ans Tacite, Machiavel, et Guichardin, sans deviner par quelle cause on a détrôné Louis Seize.——

On peut embrasser cette révolution d'un seul regard, et la peindre d'un seul trait. Ce sont les lumières qui vous ont mis l'épée à la main, et maintenant vous faites servir cette épée a détruire l'ouvrage des lumières.——

Prenez garde, philosophe : vous voyez le fer qui assassine les citoyens, ou je ne vois que le fer qui cicatrise des blessures. Songez que le corps politique commençait à se cangréner, quand il a appellé à son secours les régénérateurs ; il était perdu si, au lieu de couper dans le vif, comme Sylla ou le grand visir Richelieu, nous n'avions adopté que les froids palliatifs de la raison des Turgot, des Necker et des Malesherbes. ——

Ainsi vous désignez sous le nom de fer qni guérit des blessures, le cimeterre sanglant qui a coupé deux des bras de l'antique monarchie, le clergé et la noblesse ! ——

La France est le géant Briarée, qui a cent bras pour terrasser le despotisme ; elle a pu sans danger perdre deux membres factices, qui lui interceptaient

...es principes de vie et sa vigueur à l'Athlète.——

On se fait difficilement à l'idée, que le clergé et la noblesse puissent être regardés, comme les membres factices d'une monarchie, dont ils sont les contemporains. Je conçois aisément que, chez un peuple où tout est neuf, hommes, mœurs et loix ; on ferait sagement de ne pas les admettre, parce qu'à la longue, des corps à privilèges, sous un gouvernement faible ou oppresseur, deviennent des pépinières de tyrans; mais une fois incorporés par une constitution quelconque dans

MA REPUBLIQUE.

l'ordre social, il me paraît démontré que ce n'est qu'en vertu d'un droit quelconque, qu'un pouvoir nouveau qui s'élève, peut les anéantir. ——

En vertu du droit de se conserver, le seul que l'homme civilisé tienne de lui-même; car celui de créer n'appartient qu'à la nature. Ce droit de se conserver est terrible : il autorise un empire mal organisé, à être le Saturne des Grecs, à se dévorer lui-même.——

Malheur aux états qui ne peuvent se conserver qu'en se dévorant ? ils ne se guérissent pas de leur blessures, ils se punissent du crime de leurs loix : vous les verrez s'agiter quelque temps sous le marbre de leurs tombeaux, mais ils ne se régénéreront jamais.

Et ne croyez pas, comte de Mirabeau, que la France en particulier reprenne sa vigueur primitive, en dévorant son clergé et sa noblesse. L'état qu'on accoutume à des sacrifices sanglants, demandera bientôt des hécatombes. Si les quarante trois mille républiques, que vous avez érigées, embarassent par leurs

frottements la marche de la
monarchie, on dressera contre
elles des tables de proscription;
si votre assemblée nationale ne
donne pas à la force publique
quelqu'énergie, si elle ne dé-
sarme pas la multitude, si elle
ne rend pas à la nation son crédit,
son or et ses transfuges, une
voix terrible, celle de vingt-
quatre millions d'opprimés, com-
mandera, au nom d'un peuple
souverain, l'anéantissement de
toutes vos législatures.

Un gouvernement, qui ne peut
se conserver qu'en déchirant sans
cesse ses entrailles, doit avoir le

rage de sçavoir mourir :
comme l'infortunée mère, qui,
dans le siège de Jérusalem, ne
pouvait vivre qu'en mangeant
son fils, devait n'aspirer qu'à la
gloire du suicide.

Au reste, voulez-vous, comte
de Mirabeau, que je vous dise
votre propre secret ? ce n'est pas
du droit de se conserver que
dérive cette grande masse de
pouvoir, dont s'énorgueillit l'assemblée nationale, c'est uniquement du droit de conquête.—

Il est vrai que nous avons
conquis peu à peu la plupart des

préjugés qui dégradaient l'esprit humain ; nous avons conquis le trône pour l'incorporer à la nation ; nous avons conquis le sacerdoce, pour le rendre á la nature ; de telles conquêtes honorent les Alexandre de l'assemblée nationale, et, s'ils m'en croyaient, ils ne s'arrêteraient comme le vainqueur de Darius qu'aux limites de l'univers.——

Comte de Mirabeau, vous répondez à mon imagination, quand ma raison seule vous interroge ; laissez-là un moment l'assemblée populaire de vos douze cents législateurs, dont votre éloquence élève à son gré ou abaisse les flots, et songés que vous êtes ici dans la prison de Socrate.

Assurément la conquête des préjugés, est le plus grand service qu'on puisse rendre à la terre. Elle laisse aux empires un ressort toujours subsistant, qui les maintient dans une attitude noble et fière, et les empêche de dégénérer.

Mais cette conquête pacifique est uniquement l'ouvrage des lumières : elle commence en France depuis deux siècles : c'est Montagne qui en a été le pre-

mier Alexandre : votre assemblée
nationale , dans tout ce qu'elle
a opérée de mémorable , n'a fait
que suivre une impulsion donnée
et à cet égard, ses membres le
plus distingués , méritent moin
d'être 'es héros de votre con
quête philosophique , que se
historiens.

Mais quand j'ai fait dérive
du droit de conquête, la masse
effrayante de pouvoir , qu'on
accumulée les régénérateurs d
la France, je n'ai point prétend
parler de l'empire de la raison
sur les préjugés. Je n'ai eu en
vue que le droit terrible d

l'épée, avec lequel les héros absolus mettent à mort un gouvernement, que le sage aurait revivifié avec les lumières. —

Il me tarde de voir un vieillard du Péloponèse, apprendre à la France qui l'ignore, que douze cents sages désarmés, ont mis à mort, avec l'épée des conquérants, la monarchie de Louis Seize. —

Eh bien, puisque vous doutez de vos conquêtes guerrières, je vais amuser votre orgueil, du récit de vos exploits.

Vous étiez, dans l'origine, de

faibles États-Généraux , disputant obscurément, à l'ombre du trône, sur les usurpations des ordres à privilèges. Qui vous a constitués assemblée nationale ? ce n'est ni la nation, dont vous violiés les mandats , ni le monarque dont vous dégradiés la couronne : votre audace seule vous a donné le pouvoir suprême, et ce n'est que la faiblesse du trône qui a pu le légitimer ; or, cette audace est toujours une conquête guerrière : car si ce n'est pas la force même, c'est du moins l'appareil de la force qui en assure le succès ; et une

forteresse ,

forteresse, n'est pas moins au vainqueur, quand il fait capituler les assiégés sur la brèche, que quand il renverse ses murailles.

La souveraineté une fois conquise, par le titre reconnu d'assemblée nationale, vous avez étendu, toujours par la voie des armes, les limites de votre monarchie.

Le clergé vous disputait, au nom du ciel, la faculté de ramener l'homme à ses droits primitifs; au lieu de l'éclairer en paix sur les bases éternelles du pacte social, vous avez armé contre lui un peuple d'autant plus dangereux,

Tome VI.  F

qu'il avait secoué jusqu'au frein
d'une mauvaise religion, Alors
on a inondé d'images cyniques
jusqu'aux pérystiles de vos tem-
ples : on a couvert publiquement
d'opprobre les vierges sacrées
qui desservaient vos hôpitaux,
on a lapidé vos princes de l'église;
et ces monuments de licence,
toujours impunis et toujours re-
naissants, annonçaient assez que
vous vouliez subjuguer avec la
force et non avec la loi, les ennemis que vous vous faisiés, avec
votre machiavélisme et votre inexpérience.

La noblesse vous importunait

de ses vieux préjugés sur l'honneur, qu'elle avait sucés avec le lait, et avec lesquels elle voulait mourir ; au lieu d'enchaîner à la patrie cet honneur même, qui s'égarait servilement autour d'un trône, vous avez souffert que les agents invisibles de vos chefs de factions, violassent les aziles des grands propriétaires, lacérassent leurs titres, incendiassent leurs chateaux ; et après leur avoir laissé subir en détail mille genres de mort, vous les avez tués d'un seul coup en anéantissant la noblesse.

Vous aviez un trône, dépositaire, depuis douze cents ans, de la souveraineté ; ce trône, s'il avait conservé à sa disposition l'or de l'état et ses soldats, pouvait, à la longue, corrompre le corps législatif ou le subjuguer; et il fallait, en l'éclairant sur ses vrais intérêts, lier avec art sa destinée avec celle de la révolution : la moitié de l'ouvrage était fait, puisque le hazard de la naissance vous avait donné un roi honnête-homme, qui aimait votre liberté autant que vous même : eh bien, quel a été le sort de ce roi, le seul de l'Europe, créé exprès pour être le roi de la constitution Française ?

vous lui avez enlevé, sans dédommagement, toutes les pré-
rogatives de sa couronne : vous
lui avez ravi jusqu'au droit de
faire grace, ce droit imaginé par
la philosophie, pour reconcilier
l'humanité tremblante avec la
férocité des loix criminelles :
vous l'avez laissé plusieurs fois
traîner en triomphe devant vous,
dans les murs de sa capitale : vous
l'avez exilé, loin de ses gardes,
dans l'enceinte de son palais :
enfin malgré les cris de l'Europe
entière, vous avez laissé impuni
l'outrage qui a été fait en sa
personne à tous les rois, à l'époque de la nuit des régicides.

F 3

La nation du moins devait rester inaccessible à vos hostilités :
la nation, au nom de la quelle
vous aviez dégradé le trône, rendu
le clergé schismatique, et anéanti
la noblesse ; cependant vos im-
pitoyables comités, préparent un
décret pour lui interdire, pendant un grand nombre d'années,
jusqu'au droit de révision ; vous
vous êtes érigés, sans l'aveu du
souverain-né de tous les états,
en convention nationale, pour
dresser un code de loix, et vous
défendrez à ce souverain de
convoquer une convention nationale légitime, pour rectifier
votre ouvrage.

Si ce n'est pas là mettre l'épée à la place du sceptre de la loi, être en guerre avec les hommes qu'on veut régénérer, et régner sur ses concitoyens, par droit de conquête, il faut faire divorce avec sa logique et bruler sa grammaire. ━━

Eh bien ! puisque votre philosophie me dévoile, tout le reste de mon secret va s'échapper devant vous. Nous sommes seuls, car Éponine, homme par son courage, est un autre vous-même; connaissez une théorie, que je cache aux faibles gens de bien que je fais mouvoir, à ces automates vertueux qui partagent aujourd'hui ma gloire, et qui, si mon plan avait échoué, n'anraient été que mes complices.

Oui, j'ai conquis la France, avec l'épée, dont j'ai armé le peuple, et je le devais, pour forcer un roi sans caractère, des grands sans pndeur, et des gens de lettres sans frein à laisser s'élever en paix le colosse de notre législation.

Eh! quelle est cette philosophie pusillanime, qui s'allarmerait ici du nom de conquête? est-ce qu'il existe un seul empire qui n'ait pas été conquis ? la force des masses règle tout dans le monde civilisé, comme la force individuelle réglait tout dans le monde de la nature.

Et nous plus heureux que tous ces conquérants vulgaires, dont le nom infeste les champs de l'histoire, nous n'avons tiré l'épée que pour forcer un grand peuple à être libre, tandisque les Cyrus, les Sesostris, les Alexandre, et tous ces héros des petites-maisons de l'antiquité, ne se baignaient dans le sang humain, que pour être les dieux du monde qu'ils épouvantaient, pour ajouter au néant d'un mausolée, le néant d'une apothéose.

Vous me parlez d'une insurrection qui s'opérerait par les lumiéres; bon vieillard, les lumières, comme la religion, ne sont un frein que pour ceux qui croyent à leur influence; et sous ce double rapport, il n'y avait guères, vers l'origine des troubles que des alliées au timon du gouvernement.

Lorsqu'un état neuf appelle des loix, il suffit pent-être à son bonheur, que quelques rayons

émanés des lumières, illuminent
son atmosphère : mais lorsqu'il
a vieilli long-temps sous le despotisme, lorsqu'il regorge d'erreurs et de crimes, ce ne sont
pas des lumières, c'est du feu
dont il a besoin, pour dévorer
tout ce qu'il y a d'impur dans
son régime ; encore pour rendre
ce feu plus actif, faudrait-il le
concentrer avec le secours de la
physique, au foyer du miroir
d'Archimède.

J'ai trouvé en 1789, Montagne,
Bayle, Hobbes et Montesquieu,
préparant la régénération de la
France ; mais ces hommes de

génie, qui jugent si bien de la marche des empires, ne sçavent pas les faire marcher; d'ailleurs, quand un pouvoir oppresseur a commencé les hostilités, l'homme libre doit le combattre à armes égales. C'est avec des machines de guerre, qu'il faut battre en ruine la citedelle du despotisme, et non avec un contract social et un esprit des loix,

Eh ! ne voyez-vous pas que la restauration était manquée, si un peuple effréné ne s'était fait justice de ses tyrans, par le meurtre des Foulon, des Berthier, des Launay et des Flesselles?

si

si on n'avait brulé de temps en
temps, dans les provinces, les
titres de despotisme de tous ces
petits Xerxès, qui par leur orgueil insultant provoquaient l'incendie de leurs châteaux? si on
n'avait effrayé le trône, en trai-
nant plusieurs fois un monarque
irrésolu, enchaîné au char de
triomphe de la nation?

L'humanité est une vertu dans
un citoyen obscur : mais c'est
une faiblesse dans l'homme d'état
chargé d'imprimer un nouveau
mouvement aux empires. Il faut
qu'à la hauteur où son génie
s'élève, ce dernier ne voye que

Tome VI,   G

la masse de bien général, qui
résulterait, même du malheur de
quelques individus : il faut que
jettant un regard philosophique
sur les scènes perpétuelles de
destruction, qui amènent l'harmonie sur le théâtre de la nature,
il se persuade que, ce que la
philosophie de Zénon appelle des
crimes, entre ainsi que le patriotisme le plus pur, dans la composition des grandes machines
sociales, et qu'ainsi Rome peut
se régénérer avec les tables de
proscription de Sylla et la France
avec le voile heureux qu'elle
étend sur la nuit des régicides.

Tout le système effrayant de défense que j'ai créé ensuite, pour contenir des ennemis qui ignoraient le secret de leurs forces, a été le résultat naturel de mon grand principe, qu'il faut forcer, l'épée à la main, à être libre et heureux, l'homme qui méconnait sa dignité.

J'ai fomenté ces motions sanglantes du Palais-Royal, qui ont délivré peu à peu l'assemblée nationale, des Tollendal, des Mounier, et de tout ce troupeau d'orateurs dangereux qui ne voulaient être qu'hommes de bien.

J'ai imaginé toutes ces sociétés

de constitution, qui hérissent aujourd'hui la surface de la France, et à la bravoure desquelles j'ai confié le Palladium de notre liberté. Ces sociétés turbulentes, forment un arsenal toujours ouvert pour le patriotisme : c'est là que le trône tremblant choisit les ministres que je lui désigne, que des armées sans discipline recrutent leurs généraux, que des hommes d'élite que j'ai initiés, préparent en silence les membres des nouvelles législatures. J'ai appris à ces confédérations de citoyens d'un jour, qui balbutient encore

le mot de patrie, à ne s'armer
que contre les ennemis que je
leur indique, à ne se rallier
qu'autour des drapeaux dont j'ai
tracé les emblêmes. C'est ma
garde Prétorienne ; avec elle,
on est plus que roi, lorsqu'on
a réduit un roi à n'être rien.

Les puissances étrangères pouvaient contrarier ma politique :
mais j'ai eu l'art de susciter aux
monarques absolus des ennemis
dans leurs propres foyers ; toutes
les capitales de l'Europe, four-
millent d'apôtres que j'ai fait dépositaires de mon évangile, et
qui propagent, jusqu'au pied

G 3

des trônes, le dogme de l'insurrection. Malheur aux souverains à qui il échappera le plus
léger acte d'hostilité! je puis
être pour eux le Vieux de la
Montagne, et grace au fanatisme
de liberté que j'ai inspiré, du
centre de la sphère où je ré-
side, envoyer la mort à tous les
points de la circonférence.

Mon plan de défense générale
ainsi combiné, j'ai marché à de
plus grandes entreprises : j'ai
tenté de subjuguer tout ce qui
pourrait mettre un frein à mes
hautes conceptions, sur la liberté
des empires, et j'ai quitté le

bouclier de Fabius, pour prendre l'épée d'Annibal.

Le clergé menaçait du ciel nos régénérateurs : j'ai opposé d'une main hardie les autels de Baal à ceux d'Israël. La noblesse nous montrait en perspective les vengeances éternelles d'un trône relevé de ses ruines, et je l'ai anéanti. Ces Alpes redoutables ainsi surmontées; j'ai montré à mes soldats la conquête de l'Italie.

Tel est, dans son ensemble, le système auquel ma politique s'est arrêtée, pour forcer la France, malgré ses despotes, et

G 4

peut-être malgré ses sages, à être un jour la première des monarchies.

J'ai profité de l'avènement des lumières, pour protéger le berceau de la révolution : mais dés que je l'ai vue secouer ses langes, je l'ai menée au combat, escortée de machines de guerre, et armée à la fois de loix et de bayonnettes.

La révolution, je veux le croire, n'aurait pas commencé sans les lumières : mais, quand on aurait réuni, dans un seul foyer, toute la raison des philosophes, depuis Socrate jusqu'à Montesquieu, je suis convaincu qu'elle ne se serait pas terminée sans les bayonnettes.

Le temps, seul juge, soit des actions qui ont de la grandeur, soit des crimes qui en portent l'empreinte, le temps, dis-je, semble avoir justifié ma théorie. Le trône s'est trouvé abaissé presque sans secousses : le clergé est divisé contre lui-même, la noblesse n'est plus qu'une ombre fière et vaine qui erre autour de sa tombe ; les parlements sont réduits à murmurer dans la poussière. En attendant, s'élève avec majesté un monument sublime de législation, qui durera plus que le Capitole et les Pyramides ; et j'ai l'orgueil de croire que si la mort venait au milieu de ma carrière, se placer, entre le bien que je médite et moi, il me resterait encore assez de titres à la reconnaissance de la patrie, pour qu'elle m'honorât d'une apothéose. ——

Je vous remercie, comte de Mirabeau , d'avoir réduit pour moi, en maximes républicaines, ce PRINCE de Machiavel, que je croyais fait pour anéantir en Europe , toutes les républiques,

Ainsi a pu parler le tribun

Clodius aux assassins qu'il sou-
doyait, pour soutenir la majesté
du nom Romain, et Genséric
aux Barbares, qu'il élevait pour
la chute de l'empire d'Occident :
et cette éloquence mâle et franche
d'un conspirateur par système,
est faite pour réussir auprès des
meurtriers de Cicéron, chez des
Vandales, et devant les tribunes
d'une assemblée nationale.

Pour moi, dont les cheveux
ont blanchi dans l'examen des
sophismes contre la morale,
j'avoue que peu ébloui de cette
éloquence entraînante, je puis
rester votre admirateur, sans

devenir votre complice. Vous-même, qui, en vons dévoilant devant un disciple de Socrate, l'avez jugé, à peine vous flattez-vous qu'on descende dans l'arène pour vous combattre : car enfin votre doctrine audacieuse est sans base : vous avez mis un art infini à l'exposer, mais vous avez oublié d'en faire l'apologie.

Quel est d'abord ce droit de conquête avec lequel vous organisés les empires? le mot de droit, qui suppose un pacte primitif, et un pouvoir fondé sur les loix, n'est-il pas contradictoire avec celui de conquête qui désigne la violation de tout pacte antérieur à elle, la subversion des loix, et l'anéantissement des pouvoirs ?

— Conquérir, c'est éteindre le droit. Ce terme, dans la grammaire philosophique, n'a pas d'autre acception : ainsi régénérer un état par la conquête, ce n'est pas réparer ses ruines, c'est le dissoudre.

Hobbes a dit que le méchant était un enfant robuste qu'il fallait enchaîner : penseriez-vous que les états sont le méchant de Hobbes, qu'il faut leur supposer une enfance éternelle pour les conduire, et une perversité de nature pour les subjuguer?

La guerre n'est point un des éléments de l'homme civilisé : car la guerre lui fait perdre tont le fruit de sa civilisation; ainsi combattre un peuple esclave pour le rendre libre, ce n'est que changer ses chaînes, c'est substituer à la tyrannie aveugle des despotes, la tyrannie raisonnée des législateurs.

Un peuple ne peut donner à personne le droit de lui faire la guerre; car il détruirait par là 'essence de sa souveraineté qui consiste à conserver son ordre social. Ainsi tout citoyen qui s'arroge ce droit est un rebelle, tout étranger qui le fait valoir est un usurpateur.

L'état de guerre, quand on remonte aux éléments de la société, n'existe donc que dans ce pouvoir de vie et de mort confié par toutes les volontés individuelles à la volonté générale, pour punir les perturbateurs, soit qu'ils infestent les frontières d'un état, soit qu'ils déchirent ses entrailles.

Ce droit de vie et de mort n'appartient qu'à la loi; elle seule prononce et le citoyen exécute : si le perturbateur est hors de l'état, des guerriers s'arment au nom de la loi pour le combattre : s'il est dans son sein, les bourreaux qu'elle désigne, s'arment pour le frapper,

L'état est dissous, lorsque les deux pouvoirs sont réunis sur la même tête : lorsque le législateur, à l'exemple de Caligula, ou de Muley-Ismaël, prononce la sentence de mort et l'exécute.

De cette théorie sort un faisceau de lumières, qui va éclairer la nuit profonde, dont vous, comte de Mirarabeau, venez d'envelopper le berceau de notre révolution.

La Franca n'a pu donner à ses représentants, que le droit de lui dresser un code de loix, qui en tirant l'harmonie générale du sein des discordes civiles, lui sauverait le fléau de la guerre, soit avec les étrangers, soit avec ses citoyens.

Si les législateurs, eux-mêmes, au lieu de ne combattre que les passions et les préjugés, font la

guerre aux hommes, ce ne sont
plus des Lycurgue et des Numa,
il faut les ranger dans la classe
odieuse des perturbateurs.

Ou la France a dans son sein
une assez grande masse de lumières, pour soutenir, sans plier,
la secousse de la régénération,
et alors la constitution s'élevera
d'elle-même, surmontant toutes
les opinions, et toutes les tyran-
nies, comme le Caucase surmonte
de sa cime, la région des orages.

Ou la France n'a pas son sol
disposé pour féconder le germe
généreux de la liberté, et tous

les efforts qu'elle fera pour sortir de sa fange, ne serviront qu'à l'y replonger davantage. Sa législation pèsera sur elle autant que les désordres auxquels elle devait remédier ; elle souffrira à la fois et de la force du mal, et de la violence du remède.

Dans tous les cas, il est absurde d'invoquer la guerre pour lui faire adopter de nouvelles loix ; car si elle peut se régénérer d'elle-même, c'est l'insulter que de la combattre, pour la faire travailler à sa régénération : si son état de langueur s'y oppose, a remettre debout avec l'épée

c'est épuiser ses derniers principes de vie et la livrer sans défense à la conquête.

Faut-il le dire encore ? la
France , ainsi que tous les états
de l'univers , a une morale,
contemporaine de son berceau.
Cette morale a dû être la bous-
sole des régénérateurs ; elle a
dû leur être plus sacrée que le
code même qu'ils étaient obligés
de dresser : car il importe bien
plus à un peuple de conserver
le principe des mœurs que de
se donner des loix.

Or la morale des états apprend

à épurer le contract social, sans le rompre, à respecter les propriétés du citoyen, à ne faire la guerre qu'à l'erreur ou à la perversité, et à ne conquérir les hommes qu'avec les armes de l'opinion et avec les lumières.

Toute autre hostilité qu'on se permettrait, en revivifiant une monarchie, prouverait qu'on sçait mieux rompre le nœud des résistances que le délier : heurter en despote la pensée, que la concilier avec la loi ; tuer le citoyen que de l'éclairer ; ainsi tout ce système de guerre n'annoncerait qu'une impéritie criminelle de la part des législateurs.

C'est vous importuner peut-
être, comte de Mirabeau, de
m'étendre trop long-temps sur
le crime social de tenter une
révolution avec l'épée : je vais
envisager maintenant le problème
non du côté de la justice primordiale, mais du côté de la politique; je parlerai alors une langue
que vous êtes plus à portée d'entendre.

Il ne fut jamais utile à un état
de confier la plus effrayante des
dictatures, à douze cents hommes
qui ne portent pas sur leur front

l'antique empreinte du talent et de la vertu : car il est à craindre qu'on n'opère le mal avec l'énergie du civisme exalté, ou qu'on ne fasse le bien qu'à l'aide des factions, ce qui le fait calomnier.

Il ne fut jamais utile à un état de se jouer arbitrairement de toutes les idées reçues en politique et en religion, avant d'avoir apprivoisé les esprits avec la théorie audacieuse qui les renverse : car le torrent alors ne fait que se resserrer entre les digues qu'on lui oppose, et devenu plus terrible par la résistance., il déborde avec impétuosité, et va engloutir la législation avec les législateurs.

Il ne fut jamais utile à un état de faire connaître à des citoyens, qu'il peut hériter d'eux de leur vivant; car dès-lors l'intérêt personnel, plus fort que le civisme, s'éveille; on se réunit à regarder la mère commune, comme un despote plus terrible que ceux qu'elle vient d'abbattre; et les grands propriétaires conjurent pour dépouiller la patrie, avant qu'elle devienne puissante en accumulant leurs dépouilles.

La France sur-tout, qui avait

vu

vû une raison supérieure entourer les commencements de sa révolution, devait s'indigner de toute politique, qui viendrait effrayer sa morale.

Et en effet, quel a été, comte de Mirabeau, dans cette belle monarchie, le fruit de votre système effrayant de subversion? vous avez armé entre eux des esclaves qui n'ont fait que changer de maîtres; vous avez entamé une guerre désastreuse, qui n'est bonne qu'à faire gémir à la fois les vaincus et les vainqueurs; vous avez accumulé des conquêtes, dont l'homme de bien pacifique

Tome VI.   H

rougit, et qu'il faudra rendre
à la paix suivant l'usage.

Vous dites que la révolution
Française est unique dans son
espèce, comme le génie de
l'homme ; pourquoi donc l'avez-
vous gâtée, en la soutenant par
tous les moyens vulgaires, qui
ont été jusqu'ici la ressource
des artisans des discordes civiles ?
vous avez substitué le despotisme
d'un corps au despotisme d'un
seul : les trente tyrans l'avaient
fait avant vous dans Athènes. Vous
avez dépouillé par des décrets
le propriétaire tranquille, qui
jouissait à l'ombre des anciennes

loix : vous aviez pour modèles Clodius et tous les propagateurs des loix agraires. Vous avez assassiné, au nom du peuple, les infortunés qui le nourrissaient : tel a été l'unique génie des Rienzi et des Mazanielle.

Il n'y a pas de génie à s'armer du fer pour protéger des loix nouvelles, mais à faire des loix si amies de l'homme qu'elles rendent le fer inutile.

Si la révolution de France est seule de son espèce dans l'histoire, c'est qu'elle doit son origine aux lumières : il fallait donc

H 2

pour être conséquent, avoir le courage de la consommer avec les lumières.

Dire que telle était, dans cette monarchie, la masse des résistances à surmonter, que la raison était impuissante, pour revivifier ses ruines, c'est à mon gré, calomnier à la fois la France et la raison.

La France était mûre, pour recevoir le grand bienfait d'un code de loix fondé sur les mœurs, puisque depuis deux cents ans, la philosophie s'y occupait à ramener à la nature toutes les rêveries des instituteurs des hommes : puisque la liberté de penser, devenue plus puissante par les entraves de la presse, y sappait lentement par la base, toutes les espèces de despotisme, depuis celui du trône, jusqu'à celui des académies,

Cette raison avait fait l'essai de sa force, le jour mémorable de l'insurrection Parisienne, où deux cents mille bourgeois se firent tout à coup citoyens, et où, par leur seule attitude grande et fière, ils firent reculer devant eux l'héritier absolu du trône de Louis quatorze.

H 3

Ce jour là décida de la chute
du despotisme ministériel, des
inquisitions d'état et des Bastilles :
il autorisa tous les Hercules à
nettoyer cet amas immonde
d'abus et de basses déprédations,
qui avaient fait des alentours du
trône une étable d'Augyas : il
rendit la souveraineté à la nation,
en lui donnant pour représentants
non des états-généraux, mais une
assemblée nationale.

Que manquait-il, en ce
moment, aux régénérateurs de
la France, pour répondre à l'attente des sages ? un ministère
suspect avait disparu ; l'armée

royale avait refusé de combattre des citoyens : le clergé, la noblesse et le tiers réunis, parlaient ensemble la langue du patriotisme dans le même aréopage.

Assurément une pareille puissance acquise par l'assemblée nationale, en vertu d'une insurrection pacifique qui se trouvait légitimée par les lumières, suffisait pour étouffer tous les murmures, pour amortir toutes les résistances; et on pouvait consolider le grand ouvrage d'une restauration générale, sans décrets machiavéliques, sans tables de proscription, et sans torches d'incendie.

Et quand même, à cause de la dégradation des mœurs qui accompagne toujours la décadence des empires, le poids de l'insurrection Parisienne n'aurait pas suffi pour maintenir long-temps l'équilibre philosophique entre l'ancien régime, et le nouvel ordre de choses, un hazard plus heureux que toutes les combinaisons politiques, a favorisé ce dernier, en ajoutant deux poids nouveaux dans la balance.

L'un est la générosité de Louis seize, qui, plus grand que Codrus, parce qu'il avait à se plaindre de l'Athènes pour qui il se dé-

vouait , a déposé les privilèges de
sa couronne , pour épargner le
sang de ses peuples , et a préféré
le titre de premier magistrat d'une
nation libre , à celui de roi de
vingt-cinq millions d'esclaves.

Un autre poids non moins
puissant, pour donner de l'énergie
au pouvoir régénérateur , résul-
tait de la renonciation sublime
des classes diverses des citoyens
à tout privilège oppresseur , à
l'époque de la nuit des sacrifices.

Existe-t-il donc en Europe un
pouvoir , si des législateurs , qui
ont derrière eux deux cents mille

H 5

hommes armés pour la patrie,
et à leur tête, un roi magistrat,
et des corps privilégiés devenus
citoyens, n'ont pas celui de se
régénérer par les lumières ?

Le pouvoir n'a jamais manqué
à l'assemblée nationale, quand
elle a voulu éclairer : on ne le
lui a disputé que quand elle a
voulu combattre.

Les régénérateurs seraient
peut-être arrivés plus lentement
au terme de leurs travaux, parce
qu'il est plus difficile de faire
coïncider à un seul point des in-
térets naturellement divergents,

que de n'en supposer qu'un seul,
de composer avec l'orgueil que
de l'anéantir. Mais aussi ils auraient érigé un monument, à
l'épreuve des atteintes du temps
et des outrages des hommes : ils
auraient, à l'exemple de la nature, lorsqu'elle projetta de lancer
les mondes dans l'espace, dressé
un plan d'organisation pour les
empires, qui aurait eu le sceau
de l'éternité.

Après avoir fait pressentir la
destinée d'un monument de
lumières, il faut que je vous
éclaire, comte de Mirabeau, sur

celle de votre monument de destruction.

Vous avez fait une révolution avec l'épée ; l'épée , n'en doutez point , ne tardera pas à la détruire.

Au lieu de lier le trône à la constitution , vous l'avez mis hors d'elle , en annullant son influence ; et la constitution sera un jour conquise par le trône , qui deviendra alors plus absolu que jamais.

Vous avez institué deux clergés, quand il ne fallait que des individus , au ministère des autels ;

et

et quand ces deux clergés seront
las de se charger d'anathèmes,
éclairés sur leurs vrais intérêts
de corps, ils conjureront ensemble
pour écraser votre constitution,
en faisant tomber sur elle le colosse imposant de la religion.

Pouvant appuyer l'état régénéré
sur une noblesse sans pouvoir et
sans privilèges, vous avez mieux aimé qu'elle disparut devant vous :
mais l'épée n'ôte pas l'existence
aux êtres d'opinion : des décrets
oppresseurs peuvent faire dormir
la noblesse, mais non l'anéantir.
Tant qu'il restera en France des
chevaliers d'ancienne race, qui

sentiront circuler dans leurs veines quelques gouttes du sang des Nesle, du Beaufremont et des Montmorency, ils espéreront faire revivre leurs ancêtres, et ils aimeront mieux servir comme généraux pour abattre votre système de loix, que comme soldats pour le défendre.

D'ailleurs, en adoptant la théorie sanglante des Sylla et des Cromwel, pour régénérer la France, vous n'avez pas été conséquents. Il n'y avait point de composition à proposer à des victimes dépouillées qu'on laissait respirer sur un champ de ba-

taille : il fallait calculer les effets
lents mais terribles du désespoir :
après s'être réduit à tirer l'épée
contre des ennemis immortels,
il fallait en jetter le fourreau.

Avouez, comte de Mirabeau,
que tout impitoyable qu'a été
votre morale législative, elle se
trouve encore gâtée par un reste
d'influence de lumières. Vous
n'avez pas osé faire tout ce que
demandait la première loi de la
tyrannie, le sacrifice de tout à
sa sureté. Vous avez laissé sub-
sister le trône, et il fallait vous
ériger une république : vous vous
êtes contenté de semer la discorde

I 2

entre vos deux clergés et d'avilir
votre noblesse : et il fallait faire
une Saint-Barthélemi de prêtres
et de gentils-hommes.

Vous croyez du moins que
le peuple, que vous avez eu
l'imprudence d'armer, conser-
vera votre ouvrage : vous êtes
dans l'erreur ; le peuple mutile,
ravage, renverse, mais ne con-
serve rien ; vous l'avez apprivoisé
avec le sang humain, et ce sang
deviendra pour lui un second
élément ; il répand d'abord avec
volupté celui que lui indique
votre haine, et il répandra en-

suite le vôtre, s'il lui est indiqué par la vengeance.

Je sçais qu'en ce moment, non de paix mais de stupeur, où la législation marche, parce qu'elle ne foule que la poussière unie des tombaaux, on regarde l'ensemble de votre théorie, comme le chef-d'œuvre de la politique humaine; votre gloire retentit dans toutes les bouches, que l'effroi n'a pas rendues muettes; et si on vous perdait dans ce moment d'yvresse, je ne doute pas, qu'ébloui par l'éclat imposant de votre renommée, on ne rendit à votre cendre des hon-

I 3

neurs qu'on a refusés à celle des l'Hôpital, des Bayards et des Montesquieu.

Mais tous les monuments qu'un peuple aveugle érige n'ont que le sable pour base. Ne lisez, si vous êtes sage, dans le livre de vos triomphes, que la page fatale des revers. Si de nouvelles législatures ne rectifient pas les erreurs de cette convention nationale ; si Louis seize n'est pas roi : si la nation plus libre ne devient pas plus heureuse, tremblez que ce même peuple, à qui vous avez ôté son or, et à qui vous n'avez laissé que du fer,

ne vienne demander compte á
votre mémoire des désastres de
la France ; qu'il ne couvre dé
fange vos statues mutilées, et qu'il
n'arrache votre cendre à peine
éteinte d'un azile de paix , qui ne
réclame que la dépouille sacrée
des grands hommes.

Je vous contriste, sans doute,
comte de Mirabean; mais entouré,
comme vous l'êtes , d'ennemis
et d'adulateurs . je vois que tout
conspire à vous égarer. Vous
avez eu le courage de venir cher-
cher la vérité au fond d'une
prison, et je paye ce trait de

I 4

confiance, en vous jugeant digne
de l'entendre.

Si je ne vous avais pas cru sus-
ceptible d'être rappellé à la vraie
gloire , si je n'avais vu dans les
grands crimes qui vous sont
échappés, le germe des grandes
choses que vous pouviez opérer,
apprends que c'est en vain que
vous seriez venu dans ce cachot
interroger ma pensée : mon génie
aurait été muet devant le vôtre ;
et je n'aurais accueilli votre curiosité philosophique, que de ce
silence terrible, avec lequel j'ai
confondu le machiavélisme de
votre comité des recherches.

Oui, comte de Mirabeau, vous reviendrez un jour de vos longues erreurs, sur les bases d'un bon gouvernement : vous reconnaitrez qu'on ne remue pas les grandes monarchies avec le lévier populaire, comme les petites républiques de Genève et de Saint-Marin ; vous laisserez les rêveries sur l'égalité sociale aux philosophes d'un jour, qui nivellent le monde, sans avoir les premiers élémens de sa structure ; et renonçant à l'honneur dangereux de déchirer l'état pour le gouverner, vous ne ferez plus la guerre qu'aux

15

factieux de tous les partis, qui
retardent de plusieurs siècles le
règne des lumières; alors, presque
seul au milieu des législateurs,
des voix faites pour maitriser
l'opinion publique vous conso-
leront d'un abandon qui vous
honore ; et si vous êtes enlevé
à la patrie, lorsque vous lui fai-
siez concevoir de si hautes es-
pérances , elle ne rougira pas
de l'orgueil de votre apothéose.

Cet état même, tout affaibli
qu'il est, soit par la violence d'une
blessure invétérée , soit par l'in-
discrétion dn remède, a encore
de grandes ressources : et ces

ressources sont dans la constitution même que vous avez dé-
gradée. Au milieu de ce champ
de destruction et de mort, s'élève
un grand nombre de palmes
triomphales, au pied desquelles
germeront un jour la paix et le
bonheur de l'Europe.

Car ne croyez pas que les vé-
rités hardies, que je vous ai
annoncées, m'empêchent de
rendre hommage à ce qu'il y a
de grand et de sublime dans votre
législation. Il n'y a personne qui
aime la liberté avec plus d'ido-
lâtrie que moi : personne, dont
le mot sacré de patrie frappe

plus délicieusement les oreilles, et remue plus voluptueusement le cœur. Le Péloponèse, l'Allemagne, et peut-être l'Europe ont retenti de ce que j'ai fait, de ce que j'ai écrit, de ce que j'ai souffert pour elle; et quand une vie entière s'es écoulée à secouer ses chaînes, pour en frapper ses tyrans, ce n'est pas au moment où le tombeau s'ouvre, pour soustraire un philosophe, même au joug de la nature, qu'on peut le soupçonner de vouloir faire l'apologie de la servitude.

Votre révolution m'a paru, dans son origine, le plus beau défi fait par la raison à tous les pouvoirs oppresseurs, qui voulaient lui ôter la conscience de sa dignité. Je l'ai dit, avec quelque courage, à des rois absolus qui pouvaient m'en punir; et tel était mon enthousiasme, pour une régénération d'état opérée par les lumières, que j'ai voulu être Français moi-même, et venir mourir chez un peuple de sages, pour rendre moins amer à mon Éponine, le moment où elle me fermerait les yeux. Je ne m'attendais pas qu'une nation, née pour être le modèle de l'Europe, accueillerait ma confiante fran-

chise avec de l'opprobre et des
fers.

L'injustice de la patrie que
j'adoptais, ne me rendra pas in-
juste moi-même. Je verrai toujours la constitution Française,
telle qu'elle est, c'est-à-dire,
comme la belle statue de l'An-
tinoüs, restaurée par des barbares ; ce monument, tout dé-
figuré qu'il paraît, respire encore :
croyez-moi, si vous avez de la
patience, cherchez ses vrais
membres mutilés dans les décombres du Capitole ; si vous avez
du génie, osez refaire la statue.

Tout ce que les lumières ont mis dans votre code est admirable : tout ce que les factieux, soit parmi les oppresseurs, soit parmi les victimes, y ont ajouté, le dégrade. Ayez donc le courage de revenir un moment sur vos pas, et de séparer dans votre création, des élémens hétérogènes, qui ramèneraient la nuit du cahos.

Que vos législateurs ne disent pas, que si l'assemblée nationale reculait, sa majesté serait compromise ; ce sophisme est celui de tous les despotes : vous ne voulez pas sans-doute imiter les oppresseurs de l'homme, que vous venez abbattre ; vous ne voulez pas, pour épargner à votre vanité l'aveu honorable de votre inexpérience, que la vérité et la nature reculent devant vous.

L'Europe entière semble, en ce moment, conjurer contre votre révolution : les rois qu'elle intimide, vos transfuges qu'elle proscrit, vingt millions d'infortunés que vous faites autour de vous, en comprimant toutes les existences individuelles, vous annoncent le danger de la première explosion ; soyez assez grand, pour prévenir, par des sacrifices,

le désastre de la patrie que tant
d'hommes ont intérêt à renverser,
et capitulés avez vous-même,
pendant qu'il en est temps, pour
vous sauver la honte de capituler
un jour sur une brêche que vous
ne pourrez plus défendre.

Une déclaration des droits de
l'homme à refaire, une nouvelle
base à donner à la religion, le
crédit national à revivifier, un
code pénal à adoucir, le mode
des impositions publiques à changer, une multitude innombrable
de citoyens à rétablir dans leurs
propriétés, surtout des mœurs à
donner à un peuple qui en a plus

besoin que de loix : voilà , dans
leur ensemble, les réformes que
vous devez faire à votre constitution , si vous voulez qu'elle
subjugue votre nation entière et
par contre-coup les monarchies
de l'Europe,

De ces réformes en masse ,
découleront naturellement toutes
les réformes de ces imperfections
de détail, qui vous empêchent
de jouir du grand bienfait d'une
régénération par les lumières.

En ne donnant pas à l'homme
social une fausse idée de ses droits,
vous lui en donnerez une plus

juste de ses devoirs : dès-lors le peuple sera désarmé, il y aura une force publique et par conséquent un gouvernement.

En éloignant le fléau d'une religion nationale, vous étoufferez dans son germe, le fruit empoisonné du fanatisme : vous établirez un pacte entre la patrie et l'ordonnateur des mondes, et vous n'aurez plus que des prêtres-citoyens.

Le rappel du crédit national vous obligera à réduire par dégrés, jusqu'à l'anéantissement total, ce terrible papier monnaye, dont vous avec eu la maladresse d'infester toutes les classes de la société ; qui écrase sur-tout le peuple, que vous deviez protéger, et qui multiplie sous mille formes hideuses le spectacle de votre banqueroute.

Quand vous rendrez aux citoyens leurs propriétés, ou que votre justice les dédommagera de la rigueur de leurs sacrifices, vous aurez un roi, et la patrie pourra compter sur les offrandes des ministres des autels et sur le sang de la noblesse.

Enfin, lorsqu'il s'agira de fonder

vos loix sur la base des mœurs,
vous secouerez l'opprobre de cette
contribution patriotique, qu'au
mépris de vos engagements, vous
avez rendu forcée, de volontaire
qu'elle était dans l'origine : vous
anéantirez ces Monts de piété, qui
consacrent l'usure et l'impunité
des larcins, vous abrogerez ces in-
fâmes loteries, où l'état joue la
ruine des peuples : sur-tout vous
couperés toutes les têtes de l'hydre
financière et de l'agiotage.

Ce n'est pas en consultant
votre assemblée nationale, que
vous trouverez le mode de toutes
ces grandes et généreuses ré-

formes : presque tout ce qui a fait preuve de talent, y est vendu à des factions contraires, qui craignent également le flambeau de la raison : le reste renfermé dans son obscure probité, ne sçaurait donner d'essor à son civisme ; c'est la partie enseignante de la nation, qui peut seule ici devenir votre oracle. Interrogez l'homme de lettres modeste qui se dérobe à sa célébrité : encouragés les bons livres sur le gouvernement, que l'indigence générale empêche de publier, et de tous ces rayons unis, vous formerez un faisceau de lumières, qui achevera de dissiper la nuit profonde, dont on entoure votre législation.

Et si dans cette stupeur générale où vous avez réduit tous les esprits, le philosophe restait muet : si votre despotisme, comme celui du Calife Omar, anéantissait tous les bons livres de la bibliothèque d'Alexandrie, ou ce qui est plus déplorable encore, les empêchait de naître, venez dans ma prison : trente ans de travaux sur l'économie politique, m'ont permis de créer des ressources aux états qui tombent, en voulant se régénérer. Je puis sauver la France, et c'est l'unique vengeance qu'il me convient d'en tirer, si elle a ordonné mon supplice.

DERNIERS

DERNIERS ÉVÉNEMENS

DU REGNE

DE LA CONVENTION NATIONALE,

ET SA MORT.

LE comte de Mirabeau, depuis cet entretien, s'étonna de devenir un homme nouveau. Descendu dans son propre cœur, et voyant qu'il allait prostituer au bouleversement des empires,

Tome VI.   K

dans l'ordre des gouvernements,
il travailla à rendre à un roi,
qu'il avait eu le malheur de haïr,
quelques-uns des privilèges es-
sentiels de sa couronne.

Qui sçait si, rendu tout-à-fait
à la raison sublime des Zénon et
des Epictète, il n'aurait pas
refondu toute la constitution
Française, dont le moule originel
est si évidemment défectueux ?
c'est alors que Rome aurait oublié les crimes d'Auguste Trium-
vir, pour ne plus s'occuper que
de la haute sagesse d'Auguste
empereur : mais la mort vint le
frapper, au moment qua la patrie

commençait à sourire à ses travaux : et la reconnaissance publique, en enfermant sa cendre
dans le Panthéon, ne crut pas
que le mausolée d'un homme
extraordinaire, fut déplacé à
côté de la tombe des grands
hommes.

Cette mort mémorable fut
accompagnée ou suivie de peu
d'évènemens propres à faire
époque dans les annales des ré-
volutions ; à peine en trouve-
t-on trois que la postérité, re-
froidie sur les petites querelles des
grands orateurs de l'assemblée
nationale, jugera dignes d'oc-

K 5

cuper le burin d'un Salluste ou
d'un Tacite.

L'un est la retraite forcée du
philosophe Necker, le premier
mobile de l'insurrection Française, qui longtemps tint lieu de
providence à une grande nation
qui avait secoué tous ses pouvoirs,
et qui, contrarié dans toutes
ses démarches, par les législateurs
qu'il avait initiés dans les élémens de l'administration, devenu
indifférent à la multitude qui
avait fait son apothéose, sans
cesser d'être odieux aux despotes
de l'ancien régime, qu'il avait
dévoilés, expia par le plus rigou-

reux Ostracisme, l'honneur dan-
géreux d'avoir appris au peuple,
qu'il pouvait former un poids dans
la balance politique d'une monarchie.

Un autre évènement qui nous
rapproche plus des malheurs de
la triste Éponine, c'est la cas-
sation du Châtelet, comme tribunal des crimes de lèze-nation.

Le Châtelet n'avait pas toujours été un foyer de lumières.
On sçait que sous l'ancien régime, il se consolait quelquefois
de sa nullité dans les affaires
d'état, en brulant les livres des

K 4

sages. Le procès de la philosophie de la nature , en couvrant
ce tribunal d'opprobre aux yeux
de l'Europe , lui apprit peu à
peu à fléchir sous le joug de
l'opinion publique ; et à l'époque
de l'insurrection Française , il
était déjà assez régénéré , pour
former au milieu d'une nouvelle
Athènes un nouvel Aréopage.

Oui, disait quelquefois Éponine à son père , ils respecteront
vos jours, ces magistrats, pour
qui des victimes demandées par
le peuple, sont des êtres sacrés.
Voyez, comme ils sauvent, avec
la loi qu'ils interprètent, tout

ce qui n'est marqué du signe de
la réprobation, que par le sceau
des inquisiteurs ; cent infortunés
leur ont été dénoncés comme
de vils conjurés, et ils n'en ont
jugé qu'un digne du supplice ;
on dirait qu'ils ont élevé un
autel à l'humanité, à côté de la
statue embrasée du Saturne de
Carthage, qui semble la divinité
du comité des recherches.

J'ai quelquefois, ma fille, ré-
pondait le philosophe, le pres-
sentiment que te donne ta verin.
Tant que je serai sous la sauve-
garde du Châtelet, je ne boirai
point la ciguë, et ainsi sera

trompée l'attente des hommes de sang qui nous persécutent, parce que notre patriotisme est exempt de férocité.

Mais ces magistrats servent trop bien la cause des lumières, pour ne pas faire ombrage à une faction dominante qui ne veut régner qu'avec des poignards et des gibets; leur influence dans la révolution Française ne tient plus qu'à un fil, et si ce fil est rompu, mon Éponine éperdue recevra mes derniers adieux.—

Le philosophe ne lut, en ce moment, qu'un feuillet du livre

de l'avenir. Le Châtelet devait être cassé; mais le père d'Éponine ne devait être condamné que par la nature à mourir.

C'était à cette époque que l'assemblée nationale, forcée par le cri public, avait chargé le tribunal des crimes de lèze-nation, d'instruire le procès épouvantable de la nuit des régicides.

Le Châtelet n'ignorait pas que les grands mobiles de cette trame, pendant un silence de neuf mois, avaient eu le temps de rompre tous les fils qui pouvaient conduire jusqu'à eux : que le comité

des recherches ardent à dénoncer
l'innocence, le contrarierait dans
la poursuite des scélérats : que
le peuple enfin, perverti par les
patriotes sectaires, tenterait de
le punir d'avoir été juste. Malgré
tant de motifs pour être faible,
ce tribunal resta ferme comme
la raison, et pur comme l'honneur. Il déclara, d'après l'ins-
truction la plus sévère, que la
nuit des régicides était l'effet
d'un complot, que de grands
personnages de l'assemblée nationale y avaient trempé, et qu'il
fallait des supplices d'éclat, pour
effacer la tache dont cette nuit
d'horreur

d'horreur avait couvert le nom Français en Europe.

C'est ici que les législateurs achevèrent de convaincre les hommes sages qui avaient la vraie réligion du patriotisme que l'Arche sainte de la raison n'était gueres soutenue que par des Amalécites.

Le Châtelet fut cassé : on créa une haute cour nationale à Orléans ; et il fut résolu parmi les chefs des représentants Français, que pour ne point faire le procès à la révolution, on laisse-

Tome VI. L

rait dans un oubli éternel celui
des régicides.

Éponine, disait le philosophe,
cet événement doit être ajouté
à la bizarrerie de ceux qui en-
chaînent notre vie orageuse. Les
chefs de la patrie cassent le Châtelet, au moment où il a le plus
mérité d'elle, et ses magistrats-
citoyens, menacés par un peuple
qu'ils ont voulu sauver, chargés
d'anathêmes par les législateurs
qu'ils éclairaient, ne recueillent
peut-être de bénédictions que
de la part de deux infortunés
qu'ils ont laissé languir dans la
nuit profonde de leurs prisons.

Au reste, à mesure que l'opinion surnagera sur la fange où
les factions la tiennent ensevelie,
ces bénédictions solitaires de-
viendront en France la voix publique. Plus l'esprit de paix, de
modération et de générosité,
sans lequel tout système de liberté est absurde, gagnera la
masse des citoyens, plus le service rendu à l'état par le Châtelet, pendant le sommeil des
loix, paraîtra au grand jour ;
plus il contrastera avec la lâche
et inutile férocité du comité des
recherches.

Tu m'auras peut-être fermé les

L 2

yeux, ma chère Èponine, lorsque la convention nationale de
France jugera à propos de se
dissoudre : mais ces considérations te laissent un moyen pres-
qu'infaillible d'apprécier saine-
ment, à la vue simple des élec-
tions, les opératious futures de
la prochaine législature.

Si les corps Électoraux, ont
le courage de tirer de sa vertueuse
obscurité le mérite modeste qui
se cache ; s'ils font représenter
la nation par des hommes supé-
rieurs aux préjugés du temps,
qui voyent dans l'acte sublime
de la constitution, les erreurs

profondes qui la défigurent , et leur remède ; si sur-tout ils honorent les places des législateurs, en les donnant aux membres intègres du Châtelet , qui n'ont point blessé la morale , en jugeant les crimes obscurs de lèze-nation, l'état , n'en doutons point, sera sauvé , et comme un fleuve qui retrouve son lit , il reviendra de lui-même à la régénération des lumières.

Mais je ne me fais que des idées sinistres de cette France que j'idolâtre encore . malgré ses injustices, si les sociétés seules de factieux pèsent sa destinée : si c'est

L 3

de ce sein impur qu'on tire les
représentants de la nation ; si ,
malgré l'indignation publique ,
on ne voit assis aux places des
Clermont-Tonnerre , des Péri-
gord , des Cazalès et des Mirabeau , que des fanatiques, devenus évêques par l'Apostasie ,
des intrigants qui doivent leur
brevet de patriotisme à des libelles , ou d'anciens inquisiteurs,
que leur probité même ne lave-
rait pas, auprès de la philosophie,
du délit originel d'avoir été membres du comité des recherches.

Pendant que le philosophe et
sa fille tâchaient ainsi d'écarter

un coin du rideau qui leur ca-
chait les destinées de la France,
le géolier homme honnête, et
par cette sympathie de caractère
devenu leur ami, vint leur annoncer, en versant des larmes
de joie, qu'il allait les emmener
dans son propre appartement, où
ils respireraient l'air le plus pur
de la prison. Il ne leur dissi-
mula que c'était un bienfait du
comte de Mirabeau, qui avait
sollicité l'ordre de les faire jouir
de tous les agrémens de la vie,
n'osant leur procurer la liberté,
pour ne pas se compromettre
avec le comité des recherches.

L 4

Le vieillard répondit au procédé touchant du geolier, en lui serrant la main. Oui, partons mon père, dit Éponine ; ensuite, par un retour sur elle-même, nous étions si bien ici, ajouta-t-elle, et ses regards se fixaient douloureusement sur l'angle du mur, où son nom était gravé au dessus de celui de Villeneuve.

A chaque moment, le comité des recherches envoyait de nouvelles victimes au Châtelet, et le geolier obligé, pour loger cette foule d'infortunés dans l'enceinte étroite et mal-saine de ses tours, de varier ses combinaisons, tira alors le chevalier de Villeneuve, qui lui était cher, d'une espèce de cachot où il languissait, et le transféra dans le réduit un peu décoré qu'avait habité le philosophe.

Le chevalier, en entrant dans ce sanctuaire de la vertu, sentit une émotion involontaire qui lui fit verser quelques larmes ; il se rappella alors qu'il avait été déposé, pandant quelques heures, dans ce même lieu, la première nuit de sa captivité ; qu'il y avait gravé un nom bien cher à son cœur, et un mouvement machinal le fit s'élancer vers l'angle

L 5

du mur où devait être le nom d'Éponine.

Il faut connaître toute l'yvresse d'un premier amour, qui espère d'être heureux, pour peindre l'extase voluptueuse du jeune infortuné, quand il reconnut l'écriture tremblante de la fille du philosophe. Il tombe à genoux devant ce monument de la tendresse la plus vertueuse : puissances célestes, s'écrie-t-il, elle a donc habité ce séjour ! elle sçait que mon cœur flétri par les revers, est encore plein de son image ; son ingénuité s'en énorgueillit peut-être... Frappés tyrans, je mourrai plus fortuné que vous.

Un de ces tyrans était derrière le chevalier; c'était un des membres du comité des recherches, qui exerçait une sorte de police dans les prisons. A la vue des deux noms gravés dans l'angle de la muraille, et du prisonnier qui se prosternait devant eux, il devina sans peine le secret, que la perspective de la mort n'avait jamais pu arracher à l'infortuné. Homme dangereux, dit-il, votre aveugle amour m'éclaire : vous cachés un titre distingué sous le nom vil d'un esclave. La conspiration dont le peuple vous accuse, pourrait, je le vois, n'être plus un problême : préparez-vous à être bientôt jugé; il faut, ou que l'état s'acquitte envers vous par votre liberté, ou que vous vous acquittiez envers lui par votre supplice.

Le jeune captif répondit à l'inquisiteur d'état, en lançant sur lui un de ces regards qui écrasent l'homme de sang, destiné à avoir des remords. Celui-ci se retira le cœur ulcéré, et se promettant bien d'instruire le public de ce coup-d'œil de mépris, dans le mémoire qu'il allait

imprimer contre l'amant d'Éponine.

Cependant le bruit, qu'on allait
instruire le procès d'un chevalier
de Malthe, du nom de Villeneuve, ne tarda pas à se répandre.
L'Ami du Peuple et son Orateur
en instruisirent les énergumènes
de la capitale : comme le philosophe et sa fille ne lisaient point
ces inepties turbulentes, ils n'en
surent rien, mais une pareille
découverte n'échappa pas à la
vigilance inquiète de Zima, de
cette sensible Zima, qui, le cœur
plein de l'image de son premier

libérateur, le demandait depuis
un an à toute la nature.

Pendant qu'on s'apprêtait au
Châtelet à juger le prétendu crime
de lèze-nation du chevalier de
Villeneuve, il s'en commettait
de réels, dans toutes les provinces
du nouvel empire Français. On
s'égorgeait dans la métropole et
aux Colonies, au nom d'un code
de loix qui n'existait pas encore;
la Provence voyait pendre à un
arbre, le plus renommé de ses
jurisconsultes, pour avoir tenté
d'éloigner de la monarchie le
fléan du Républicanisme; on dé-
vorait près de Lyon le cœur san-

glant d'un vieillard, coupable d'avoir défendu ses foyers, contre des assassins disciplinés qui avaient le nom de liberté sur leurs drapeaux.

Un crime de lèze-nation non moins important, à cause de l'aveu du moins tacite de l'assemblée nationale, était la rigueur de la détention du monarque, dans son palais des Thuileries. Un décret des législateurs avait statué sur la mesure de l'éloignement du prince pendant le cours de ses sessions; et ce décret, comme la baguette de Papirius, avait fixé l'espace circulaire qu'il pouvait

franchir à un rayon de vingt
lieues, Louis seize, d'après cette
autorisation solemnelle de ses
douze cents collègues en pouvoir,
s'imagina qu'il pouvait sans crime
s'éloigner de deux lieues de sa
capitale, et monta en voiture
à midi avec toute sa famille,
pour se rendre à son château
de Saint Cloud : mais un peuple
armé, et le blasphème dans la
bouche, vint l'investir dans la
cour de son palais, et, au nom
de sa suprématie, lui défendit
de partir. En vain le maire de
Paris et le commandant de la
garde nationale interposèrent-ils
leur autorité, pour sauver ce nou-

veau crime à la révolution ; le
roi fut obligé de retourner tris-
tement dans sa prison, se con-
tentant de dire avec amertume,
qu'après avoir rendu libres tous
ses sujets, il était bien étonnant
que seul dans ses états il fut esclave.

Cette infraction de toutes les
loix des monarchies avait amené
l'esclavage raisonné du monarque : elle amena ensuite par
contrecoup, ce qu'on a appellé
dans la langue de ses oppresseurs,
le crime de son évasion.

Louis XVI, qui jusqu'à ce

moment avait pardonné à une
constitution née au milieu des
orages, de s'être défié de sa probité, en l'enchaînant auprès
d'elle, n'eut pas la force d'at-
tendre encore quelque temps
que les ennemis du trône, en
se déchirant eux-mêmes, se fissent
justice. Il résolut de se dérober
à ses geôliers, et d'aller dans
une forteresse des frontières,
dont il serait maître, négocier
avec les régénérateurs de l'état,
l'indépendance de sa couronne,
le rappel des princes de son sang
et le désarmement de l'Allemagne.

Ce plan n'avait par lui-même

rien d'odieux, et on l'a calomnié, en disant qu'il tendait à produire la subversion de la convention nationale, la guerre civile et la banqueroute.

La convention nationale devenait plus absolue que jamais, par l'absence du seul pouvoir qui pouvait servir de frein à ses conquêtes. Elle avait pour elle l'influence des lumières qui l'avait organisée, le bonheur des peuples qu'elle promettait par un grand nombre de ses décrets, et la création adroite de la garde nationale, qui lui assurait l'appui de quatre millions de bayonnettes.

Il n'y aurait assurément point
eu de sang répandu, pour défendre un monarque qui, par
amour de la paix, dès le com-
mencement de la révolution
s'était détrôné lui-même, puisqu'après l'opprobre dont on l'a
couvert en l'arrêtant, il n'y en
a point eu pour le venger.

La banqueroute était un vain
épouventail pour la multitude,
car, ou le Congrès entre les
plénipotentiaires du trône et ceux
de la convention nationale, aurait, en conciliant tous les intérêts, ramené la paix générale,
et alors le numéraire aurait re-

paru avec la confiance ; ou la discorde se serait rallumée plus que jamais, et dans cette hypothèse, les législateurs, qui avaient entre leurs mains le fameux secret de Midas, celui de changer tout en or, auraient encore, en créant de nouveaux papiers-monnaye, ébloui le peuple par le phantôme de l'opulence universelle.

Ajoutons qu'il ne fut jamais de l'intérêt de Louis XVI, de faire un pacte avec les ennemis-nés dé la France, pour rentrer á main armée dans l'héritage de ses pères ; de renoncer, par cette dernière ressource du désespoir,

à l'estime de vingt millions
d'hommes qu'il possédait encore,
et d'achever, en quittant tout-à-
fait ses états, d'abdiquer sa couronne.

Le plan de secouer ses chaînes,
pour travailler à la restauration
de l'état, avec toute l'énergie de
la toute-puissance, n'avait donc
rien en lui-même, dont la saine
politique put s'indigner ; mais le
peu de dignité qui fut mise dans
son exécution clandestine, jetta
autour de lui un nuage de dé-
faveur, qui ôta tout le prix de
l'idée primordiale.

Il me semble qu'une reine d'un grand empire, ne devait point quitter, au milieu des ténèbres, son palais en criminelle, empruntant le nom inconnu d'une baronne de Cork, et ayant auprès d'elle le maître de vingt-cinq millions d'hommes, déguisé en valet de chambre. Une pareille évasion est plus digne du roi sans couronne, Théodore de Neuhoff, que de la fille de Marie-Thérèse et de l'héritier du trône de Charlemagne.

Il fallait que le jour même de l'attentat populaire qui arrêta le voyage de Saint-Cloud, Louis

XVI se présentât à l'assemblée nationale avec le prince royal, ses ministres, et un cortège nombreux d'ancienne noblesse, et qu'il eut le courage d'y prononcer, du fonds d'un cœur ému, le discours mâle et ferme que je vais transcrire, d'après les papiers du philosophe.

« J'étais votre maître, avant
« que les malheurs de la France,
« que je n'ai point faits, vous ap-
« prissent à devenir le mien.

« Les soixante monarques qui
« m'ont précédé, ont pu, je le
« sçais, porter atteinte à la sou-
« veraineté

« veraincté de la nation : c'est
« ce qu'ont fait les princes dans
« tous les ages , quand les états
« ignorant leurs droits, ont eu
« la faiblesse de se mettre en
« tutèle ; mais enfin je suis l'hé-
« ritier légitime de ses soixante
« monarques; loin d'avoir usurpé
« sur mes peuples, je leur ai fait
« l'abandon volontaire des plus
« beaux privilèges de ma cou-
« ronne : je ne me suis reservé
« que le droit de concourir à une
« législation bienfaisante qui doit
« les régénérer , et la perspective
« touchante d'être heureux de
« leur félicité.

Tome VI.   M

« S'il existe un contract pri-
« mitif entre les rois et les na-
« tions, celui de la France avec
« le descendant de ses premiers
» souverains, n'a pu être rompu
« par la générosité et l'étendue
« de mes sacrifices.

« Si vous représentés une
« grande nation, que plusieurs
« siècles de despotisme ont dé-
« gradée, moi je représente ces
« conquérants de la première
« race, qui ont subjugué les Gau-
« les : ce Charlemagne, qui par
« son code a élevé les Français
« à la hauteur de son génie : ce
« magnanime Henry qui pouvant

« vous régir avec son épée, a
« mieux aimé vous gouverner
« avec son cœur : ce Louis XIV
« dont l'orgueil même a contri-
« bué à vous rendre aux yeux
« de l'Europe, le sentiment de
« votre dignité, et qui peut-être
« a expié le crime de ses guerres ,
« en vous donnant un siècle de
« lumières.

« Je vous ai appellés pour exa-
« miner avec moi notre pacte pri-
« mitif, pour en modifier les
« clauses, pour unir si intime-
« ment l'état et le trône, que
« vous pussiés vous honorer un
« jour de mon dévouement à la

M 2

« volonté générale , et moi m'é-
« norgueillir de votre indépen-
« dance.

« Voyons maintenant , avec
« l'esprit de concorde et de paix ,
« si parmi les choses mémorables
« que vous avés faites, pour im-
« primer au nom Français un
« grand caractère , il ne vous
« est rien échappé, dont la pos-
« térité rougisse un jour pour
« vous : rien, dont les puissances
« étrangères, liées d'intérêt avec
« ma maison, ayent droit d'ac-
« cuser votre injustice envers
« moi ou dumoins votre ingra-
« titude.

« Vous étiés dans l'origine des
« états-généraux, instruments ser-
« viles des rois mes prédécesseurs,
« quand ils avaient quelqu'éner-
« gie. Il vous a plu de conquérir,
« les armes à la main, le titre
« d'assemblée nationale, afin
« d'avoir un prétexte, à l'ombre
« de cette vague dénomination,
« d'asservir votre monarque,
« dont vous commenciés la lon-
« gue minorité ; et maintenant
« qu'il ne paraît respirer que
« par votre bienfait, vous as
« pirés au nom de convention
« nationale, pour avoir le droit
« d'asservir la nation même, et

M 3

« de lui ôter le pouvoir de re-
« viser votre législation.

« J'ai été allarmé un moment,
« je dois l'avouer, du progrès
« de vos premières conquêtes :
« la voix de l'honneur semblait
« alors me prescrire impérieu-
« sement de transmettre à mon
« fils la couronne de mes pères
« dans toute son intégrité : ainsi
« j'eus la faiblesse de consentir
« qu'on appellât une armée au-
« tour de ma capitale, non pour la
« foudroyer, ce qui eut été le
« dernier période de la démence
« et de la férocité, mais pour
« la rappeller, par l'appareil me-

« naçant de la force publique,
« à l'ordre antique et aux maximes
« de son gouvernement.

« Mais si on a surpris mon
« équité et ma religion, en m'a -
« rachant un acte oppresseur,
« contre lequel tout le reste de
« ma vie dépose, n'est-ce pas
« l'audace de vos principes qui
« semblait avoir provoqué ma
« résistance? votre conquête du
« titre d'assemblée nationale, sans
« mon aveu, et sans l'ordre de
« vos mandataires, a été le pre-
« mier acte d'hostilité entre nous:
« j'ai cru y voir non le partage,
« mais l'exercice exclusif de la

M 4

« souveraineté ; et mon contract
« primitif à la main, je me suis
« mis en défense.

« Quoiqu'il en soit, la voix
« publique a décidé entre vous
« et moi. Le patriotisme, en cor-
« rompant mon armée, lui a fait
« un devoir sacré de me déso-
« béir ; les tours de la Bastille en
« s'écroulant, ont entouré mon
« trône de leurs décombres : alors
« j'ai vu que l'état était mûr pour
« un nouvel ordre de choses, j-ai
« plié, et pour la première fois
« en France, la majesté royale
« a cédé à la majesté de la nation.

« L'expiation de mon erreur
« a été aussi solemnelle que l'er-
« reur même. J'ai disgracié un
« ministère prévaricateur, j'ai
« renvoyé aux frontières des
« troupes suspectes ; je suis venu
« moi-même, avec toute la loyauté
« de l'antique Chevalerie, me
« mettre sous la sauve-garde de
« mes vainqueurs ; et, bravant
« l'avenir le plus sinistre, je me
« suis laissé traîner en triomphe,
« dans les murs d'une capitale,
« qui s'énorgueillissait du mas-
« sacre de mes officiers et de la
« chute de mes forteresses.

« Paris et la France entière ;

« crurent en ce moment à la
« franchise de mon retour ; vous-
« même, dans le décret qui sui-
« vit la cessation des troubles,
« vous déclarâtes, que je venais
« d'acquérir plus que jamais des
« droits à la confiance de mes
« peuples. Un mois après, votre
« enthousiasme pour moi, prit
« encore un nouvel essor ; car
« lorsque le clergé et la noblesse
« me prouvèrent leur amour pour
» le trône, par leurs sacrifices pour
« la patrie, vous me proclamâtes,
,, à la face de l'Europe entière,
« restaurateur de la liberté Fran-
« çaise.

« Si depuis, je n'ai jamais varié
« dans les principes que je tenais
« de vous même, pourquoi l'état,
« que vous gouverniez, a-t-il cessé
« d'être un avec le trône ? pour-
« quoi m'a-t-on toujours regardé
« comme un ennemi qu'il fallait
« humilier, et comme l'usurpa-
« teur d'un pouvoir qu'il fallait
« abbattre ?

« Je n'avais de rapport avec
« vous que comme un roi aban-
« donné de ses sujets, qui vient
« capituler avec la force qui l'a
« détrôné, ou comme un père
« tendre qui vient consulter ses
« fils aînés, pour rétablir la con-

« corde et la prospérité au sein
« de sa famille.

« Si j'ai capitulé avec vous sur
« la brèche du trône, il fallait
« me traiter avec tous les hon-
« neurs de la guerre qui m'étaient
« promis : il fallait respecter le
« malheur d'un souverain, qui
« n'était coupable que de se voir
« issu de soixante despotes.

« Si j'étais alors un père sen-
« sible, qui, pour épargner le
« sang, vient confier sa destinée
» aux aînés de sa famille, il fallait
« discuter paisiblement avec moi
« la nature du contrat paternel,
« le

« le modifier dans les articles qui
« compromettaient la liberté gé-
« nérale, attacher le faisceau des
« loix avec le lien des mœurs, et
« épurer ainsi la rigueur de l'em-
« pire par le charme de l'obéis-
« sance.

« Sous quelque point de vue
« qu'on envisage cette révolu-
« tion, où une justice sévère vous
« imposait le devoir de négocier
« avec moi, la conciliation des
« droits imprescriptibles d'un
« grand peuple avec les priviléges
« de la couronne; où si comba-
« tre au milieu des ruines était vo-
« tre élément, la politique vous

TOME VI.   N

« commandait encore d'être gé-
« néreux envers votre monarque,
« puisque c'était l'unique moyen
« d'expier aux yeux des lumières
« le crime de votre victoire.

« Maintenant, voyez les amer-
« tumes dont on sème ma vie, de-
« puis plus de vingt mois, la gra-
« dation raffinée qu'on met dans
« le dépouillement de ma cou-
« ronne, les crimes qu'on me
« prête, les opprobres dont on
« me couvre : voyez, dis-je, ce
« spectacle terrible, et jugez vous.

« Je ne vous entretiendrai pas
« des libelles, que la licence effre-

« née de la presse multiplie cha-
« que jour contre moi. J'ai mis en
« les lisant la main sur mon cœur,
« et sûr de mon innocence, j'ai
« dit avec Théodose, à la vûe de
« ses statues qu'on mutilait, JE
« NE SUIS POINT BLESSÈ.

« Mais par quel délire de féro-
« cité, a-t-on laissé circuler dans
« ma Capitale, et jusqu'au sein
« de ma cour, des écrits du Cy-
« nisme le plus ténébreux, où
« me déchirant dans l'endroit le
« plus sensible, sous prétexte de
« quelques traits de frivolité, on
« peint la sage compagne de mes
« peines, comme l'héritière des

N 2

« Messaline et des Frédégonde ;
« où parceque l'or de l'état s'est
« égaré quelquefois dans les
« mains des favorites, on l'accuse
« de l'avoir livré aux ennemis de
« la France ? votre silence coupa-
« ble sur ces absurdes calomnies a
« fait croire qu'il importait à la li-
« berté publique, que mon cœur
« entouré de soupçons, se défiât
« de la femme à grand caractère,
« qui vous a donné un héritier de
« ma couronne.

« Avant que par amour pour
« mes sujets, je vous eusse donné
« une existence légale, j'étais en
« France l'unique législateur ;

« maintenant que ce titre formi-
« dable vous est confié , c'est
« moins en faveur de la nation ,
« que contre moi que vous faites
« des loix ; vous avez anéanti une
« noblesse qui relevait mon trône
« aux yeux des étrangers , et un
« clergé qui le rendait sacré à la
« religion de la multitude ; vous
« avez concentré en vous seuls
« tout l'exercice d'une souverai-
« neté , dont un titre de douze
« cents ans m'assurait du moins
« le partage ; vous m'avez ravi
« jusqu'au droit de faire grace ,
« droit sans le quel, dans des tems
« de troubles , une justice sévère
« n'est qu'une grande iniquité ;

N 3

« vous avez voulu que quand des
« factieux puissants viendraient
« renverser votre ouvrage , je ne
« combattisse contre eux , que
« comme le Satan de Milton , a-
« vec mon impuissance et ma
« nullité.

« Quelle est cette constitution,
« monument informe de lumières
« et de déraison, que vous avez
« enfantée sans ensemble, et que
« vous me faites sanctionner de
« même ? est-ce qu'un Code ne
« tire pas toute sa force de son u-
« nité ? qui nous dit que la sages-
« se de telle loi isolée , ne fera
« pas injure à la raison de celles

« qui doivent la suivre ? vous n'a-
« vez pas le pouvoir de faire adop-
« ter à la France sa constitution ,
« si ce n'est en masse , et moi mê-
« me je ne me dérobe au crime
« de cette sanction partielle que
« par son invalidité.

« D'ailleurs , en vertu de quel
« droit , si ce n'est de celui de
« conquête , m'avez vous inter-
« dit la faculté de discuter avec
« vous , une constitution, dont je
« suis une partie aussi intégrante
« et aussi essentielle ? quoi je
« pourrai modifier , où même re-
« jetter, des institutions qui ne me
« présentent qu'un vague intérêt,

N 4

« et il me sera défendu d'éxami-
« ner le pacte nouveau qui me lie
« avec vous , le pacte par lequel
« mon peuple est mon peuple , et
« en vertu duquel je suis Roi ?

« Avez vous l'orgueil de croire,
« avoir donné a votre Code une
« perfection et une stabilité , que
« n'eurent point ceux des Lycur-
« gue , des Numa et des Zoroas-
« tre ? alors vous ne devez exiger
« de la nation et de moi , que cet-
« te foi aveugle, que les cultes re-
« vélés commandent à la crédulité:
« avez vous le bon esprit de sup-
« poser vos institutions sujettes à
« l'erreur, comme l'entendement

« humain qui les a dictées ; alors
« un examen sévère de ma part
« est plus utile à l'état, que ma
« sanction. Sous quelque point de
« vue que le probl'me politique
« soit envisagé, mon acceptation
« pure et simple d'une constitu-
« tion qui est à peine commencée,
« est où une dérision, où une in-
« jure.à la raison de mes peuples.

« Cependant on est parti du
« principe, que le descendant de
« soixante souverains absolus n'é-
« tait pas le maître de refuser son
« acceptation pure et simple à un
« Code dirigé contre lui et qu'il
« ne connaissait pas ; une nuit

N 5

« horrible, et qui devrait à jamais
« être effacée de vos annales, des
« brigands sont venus, là rage
« dans le cœur, et le blasphême
« à la bouche, m'investir dans
« mon palais, égorger mes gardes,
« présenter mille morts à la mere
« auguste du prince destiné à ré-
« gner sur vous, et me traîner
« avec opprobre, comme un ty-
« ran vaincu et détrôné, au mi-
« lieu de l'enceinte de ma Capitale.

« Un attentat plus grand en-
« core, à couronné cette
« nuit désastreuse : vingt mois se
« sont écoulés, et je ne suis
« pas vengé.

« Dans le silence des loix et de
« leurs dépositaires, on à craint
« que je ne rendisse quelqu'éner-
« gie à un scèptre qu'on tenait a-
« vec moi courbé vers la fange ,
« et mes vainqueurs sont devenus
« mes geoliers, dans ma nouvelle
« prison des Thuileries.

« Cependant cette garde natio-
« nale , qui surveillait toutes mes
« démarches, pouvait encore être
« considérée comme une garde
« d'honneur ; aussi je me suis
« consolé long-tems avec ce phan-
« tôme de liberté ; toute faible,
« toute délabrée qu'elle s'of-
« frait , c'était une espèce de
N 6

« planche après mon naufrage. »

« Cette derniere ressource de
« mon imagination bienfaisante,
« vient de nouveau de m'être en-
« levée ; ce matin même, une po-
« pulace immense, que la garde na-
« tionale, n'a pu où peut être n'a
« pas voulu réprimer, est venue
« me signifier, avec toute la dure-
« té de l'andace impunie, que je
« n'étais pas libre d'aller respirer,
« avec ma famille, à deux lieues du
« théatre de vos sessions ; j'ai ré-
« sisté trois heures, pour sauver
« ce dernier crime à la révolution;
« mais la force de l'anarchie l'a
« emporté sur la force des loix,

« et je viens de reprendre mes
« fers.

« Des fers au monarque par qui
« seul dans ses états tout le mon-
« de est libre! non c'est trop m'a-
« vilir ; c'est trop faire injure à
« ces millions de citoyens ver-
« tueux, à qui je suis encore cher.
« Je briserai, n'en doutez point, les
« portes de la prison où vous me
« détenez ; je n'ai besoin d'au-
« cun secours : mon nom, mes
« droits, et j'ose le dire, ma ver-
« tu, quand je le voudrai, me
« vaudront une armée. Libre en-
« fin, j'irai vivifier de ma présen-
« ce des provinces dans le déses-

« poir qui implorent mon appui ;
« j'irai , si le salut de la Patrie
« l'exige, jusqu'aux frontières de
« mes étars , négocier en souve-
« rain avec les Rois suspects . qui
« sous prétexte de me défendre ,
« tenteraient de démembrer ma
« monarchie.

« Et ne calomniez pas cette
« médiation, en disant qu'elle ap-
« pelle en France ,les puissances
« étrangères : je déclare solemnel-
« lement que je regarde comme
» un crime de faire intervenir les
« Rois dans ma querelle ; et si
« malgré moi ils s'armaient pour
« ma cause, c'est à la tête de l'ar-

« mée même avec la quelle vous
« assiégerez mon trône , que je
« me mettrai pour les repousser.

« Mon éloignement momen-
« tané de cette ville , devenue le
« foyer de toutes les discordes et
« de tous les crimes, amènera en-
« core moins la guerre civile : je
« ne veux avoir d'armée que con-
« tre les perturbateurs, et non con-
« tre des citoyens; et si , par une
« fatalité que je ne pourrais vain-
« cre , mes peuples se trouvaient
« forcés à s'entredéchirer pour
« ma querelle, j'imiterais ce sage
« roi d'Egypte Sabbacon, qui in-
« vité par un oracle à un massacre

« de prêtres , crût que le ciel lui
« défendait de régner; j'abdique-
« rai ma couronne.

Le philosophe était persuadé
qu'une pareille harangue était un
vrai manifeste contre les perturbateurs ; et que l'effet indubitable
de ce manifeste , aurait été de rallier tout les bons citoyens des deux
partis sous les drapeaux réunis de
la Patrie et de la couronne.

Au lieu de cette démarche vi-
goureuse , Louis XVI trompé par
une intrigue de cour , quitta son
Palais en fugitif , avec les anxiétés
d'un coupable qui aurait des re-

mords ; et comme les fautes des
Rois appellent les crimes des sujets, l'infortuné Monarque se vit
arrêté sur le pont de Varennes,
par des hommes qui mirent le patriotisme à outrager leur souverain, par des hommes que des décrets des législateurs ont récom-
pensés et dont les noms n'en arri-
veront pas moins couverts d'opprobre, auprès des sages qui se
chargeront d'en crayonner l'histoire.

Depuis cette époque, si flétris-
sante pour l'honneur Français,
la convention nationale se laissa
maîtriser par les évènements ; elle

souffrit que Louis XVI fut traîné
de ville en ville , aumilieu des im-
précations d'une multitude qui se
croyait libre, parceque rien ne re-
frenait sa férocité ; elle vit de sang
froid le nom de ce prince, n'a gueres l'idole de ses peuples , arraché
de tous les monuments de la Capitale , et n'avoir plus d'azile que
le cœur de quelques sages ; et
consacrant par ses décrets le plus
coupable des interrègnes , elle
s'attribua la plus impérieuse des
régences , pendant que le Monarque resserré plus que jamais
dans sa prison , n'avait pas même le pouvoir d'abdiquer sa
couronne.

Enfin cette convention nationale, après avoir achevé son code,
et en avoir interdit, pendant long-
tems, la revision à la nation qu'il
allait enchaîner, se démit de la
toute-puissance, et alla mourir
obscurement, comme le Rhin au
milieu des sables, en tentant de
couvrir de gloire le serment petit
et indiscret du jeu de paume.

FIN DU SIXIEME VOLUME.

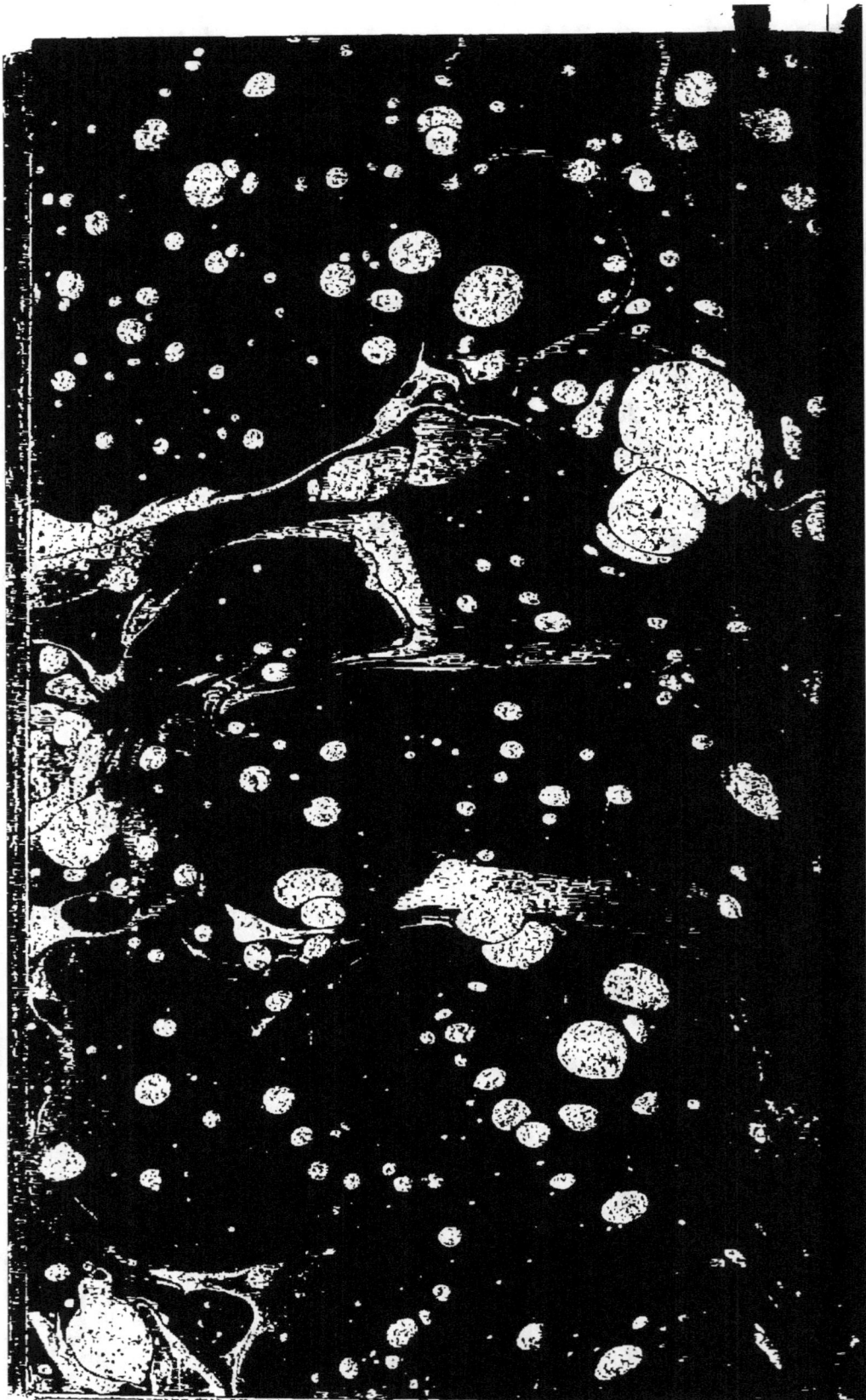

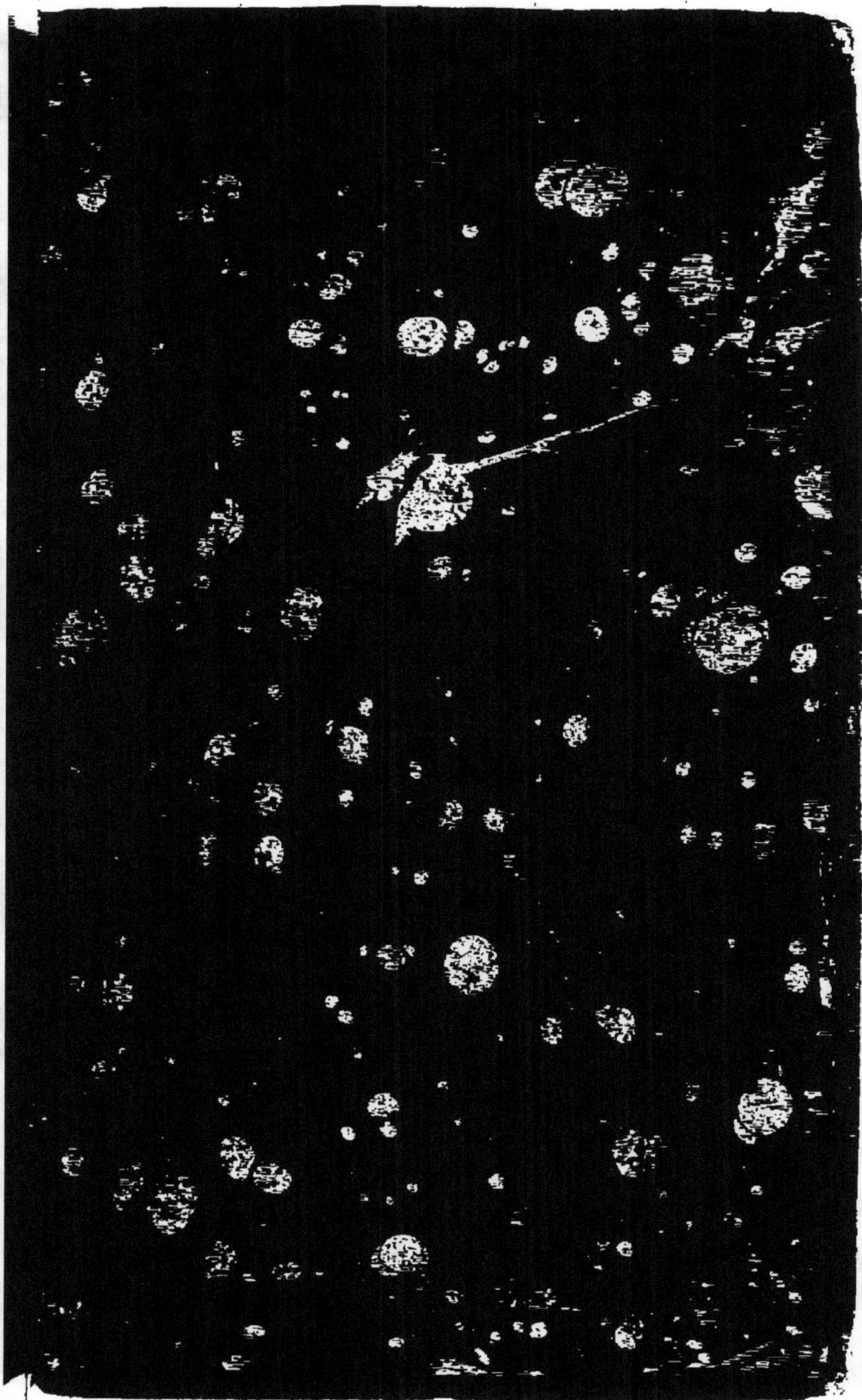

www.ingramcontent.com/pod-product-compliance
Lightning Source LLC
Chambersburg PA
CBHW061010280326
41935CB00009B/910